JN409521

고독

불안에서 자유로

고독

불안에서 자유로

정지욱 지음

SOLITUDE

일조각

■ **서언**

고독을 사랑하다

오래전부터 잠 못 이루는 밤이 계속됐다. 억지로 잠들려 뒤척이다 보면 몸도 마음도 기진맥진해진다는 것을 알고부터는, 굳이 잠에 조바심 내지 않았다. 대신 뭔가를 생각하며 시간을 보냈다. 때로 깊은 사색과 침묵으로 이어지기도 하였는데, 정신이 들어 보면 몇 시간이 훌쩍 지나 있을 때도 있었다. 나의 '고독'이 시작된 것이다. 사실, 불면증이 있어 사색하는 시간을 갖게 되었는지 사색하다 보니 불면증이 생겼는지는 정확히 알 수 없지만, 여하튼 이런 상황이 오랫동안 이어져 지금은 거의 습관처럼 되어 버렸다. 홀로 내면 깊이 침잠하여 보내는 고독이 싫지는 않았다. 오히려 그 시간을 소중히 여기며 즐겼다. 그러는 사이에 제2의 성품이 되어 버린 고독을 사랑하게 되었다.

침묵과도 같은 완벽한 적막감, 그 속에 나만이 홀로 깨어 느릿한 숨결로 살아 있음을 선언하는 무심(無心)한 시위! 어둠을 뚫고 먼 길을 달려온 잔별들이 어스름히 사위를 밝히고, 뒤척이는 아이들의 숨소리가 귀를 파고들 때쯤, 나는 온통 의식을 한곳에 모아 고독의 깊은 적막으로 하강한다. 몸은 정적의 기세에 움직임을 잊었지만, 영혼은 깊은 심연에서 힘 있게 펄떡이며 사고를 펼쳐 간다. 그것은 통상적 사고와는 결이 다르다. 딱히 대상이 정해져 있어 그 대상을 비교·분석하는 칼날처럼 벼려진 명징한 사고가 아니다. 모든 것이 하나이고 하나가 모든 것임을 직관하는 야생의 원초적 사유다. 거기서 '무(無)'와 조우한다. 무는 무이면서 모든 것이니, 나는 이 밤 홀로 깨어 존재하는 모든 것과 단번에 대면하는 호사를 누린다.

고독이 깊어질수록 그 무게에 짓눌린 다리는 휘청대지만, 꺾인 무릎만큼 세상의 비밀을 훔쳐 낸다. 멈춤으로써 활기를 잉태하는 이 고요의 모순을, 그 고독의 정수를 어찌 사랑하지 않을 수 있겠는가!

본서는 독자께 드리는 사랑하는 고독에로의 초대장이다.

이 저서는 2021년 대한민국 교육부와 한국연구재단의 지원을 받아 수행된 연구임.
(NRF-2021S1A5B5A17047723)

■ 일러두기

• 맞춤법과 띄어쓰기는 「한글맞춤법」에 따르는 것을 원칙으로 하되, 용어 및 관용적 문구 등은 예외로 하였다.

• 외국의 인명과 지명 등은 원칙적으로 「외래어표기법」에 따르되, 오랫동안 사용해 온 것은 굳어진 대로 표기하였다.
(예: 자라투스트라 → 차라투스트라)

• 문학 작품의 표현과 표기는 발표 당시의 표기대로 인용하려 하였으나, 뜻이 잘 통하지 않는 문구는 현행 맞춤법에 맞게 바꾸었다.

• 시와 그림, 영화 등의 작품명은 〈 〉로, 불교 경전과 책의 제목은 『 』로, 중국 자료의 편명은 「 」로 묶어 표기하였다. 영문 도서의 경우 부호 없이 이탤릭체로 표기하였다.

• 인용된 글의 지은이를 글 아래 밝혀 적었고, 지은이가 따로 없는 것은 이 책의 저자가 쓴 글이다.

■ 차례

II

고독에 서다

■ 들어가는 말

'속도'가 신이 되어 버린 세상에서 우리는 뭐든지 빠르지 않으면 뒤처진다고 생각한다. 끝없는 경제성장을 외치고, 무한정한 과학기술의 발달을 염원한다. 그러지 않고서는 이 경쟁 사회에서 뒤처질 수밖에 없으니 이해할 만하다. 그러나 곰곰이 생각해 보자. 어딘가 잘못된 세상 아닐까. 아무리 경제가 성장하고 과학이 발달해도 여전히 우리의 삶은 피곤하고 힘들다. 아니 예전보다 더 각박하고 암울해졌다. '행복'은 손에 잡히지 않는 아득한 꿈처럼 비현실적이다. 그저 이리저리 바삐 움직이는 사람으로 가득 찬 세상, 안타깝지만 그것이 현실이다. 혹자는 "먼 옛날부터 마치 세상이 망하기라도 할 것처럼 떠들어 댔지만, 세상은 여전히 건재하지 않은가. 금방이라도 망할 것처럼 말하는 것은, 세상을 너무 비극적으로만 보는 게 아니냐"고 비난하기도 한다. 그러나 옛날부터 쭉 그래 왔다면 그게 문제가 아니고 무엇이란 말인가? 행복하다고 말하는 사람이 극소수에 지나지 않는다면 잘못된 게 아니고 무엇이란 말인가?

그렇다면 이제 과감히 패러다임을 바꿔야 하지 않겠는가? 좀 더 느리게 흘러 가는 세상이 와야 하지 않을까?

그렇다면 정신의 휴식! 삶에 틈을 주어야 한다. 그 틈으로 '고요'가 찾아온다. '고요'는 단순한 적막이 아니다. 그것은 우주 근원이며 본래의 '나'다. 우리는 봐야 할 것을 보지 않고 보고 싶은 것만 보아 왔다. 외물에 눈이 멀어 내면의 참된 자신을 찾는 데 소홀했다. 그럴수록 자연 그리고 타인과의 공감과 연대는 멀어져만 갔다. 에고가, 물질에의 탐욕이 그렇게 만들었다. 그러나 고요와 마주한 순간 우리의 내면이 수직으로 깊어지고, 잠자고 있던 '심층의식'이 활성화된다. 에고만이 이끌어 가던 세상을 심층의식이 더해진 세상으로 바꿔 놓는다. 이런 일을 보다 깊이 있고 지속적으로 하는 것이 '고독'이다. '빠름'에 매여 왔던 삶을 재조직하여, 마음의 평안과 행복을 되찾는 것이 시급하다면 우리는 고독해야 한다. 외적인 '힘의 확장', 속도와 빠름이 가치가 되어 버린 세상에 경종을 울리기 위해 우리는 때로 깊은 침묵의 고독으로 침잠해야만 하는 것이다. 본서는 이와 같은 절실한 소식을 전하기 위해 시작되었다.

본서는 크게 두 단락으로 나뉜다.

첫째 단락인 '고독 단상'에서는, '고독'의 진정한 의미를 파악하고자 하였다. 우리가 쓰는 고독이라는 개념이 매우 폭넓고 다양하게 사용되고 있기 때문이다. 이를 위해, 고독의 의미를 어원[孤獨, solitude]과 번역 과정에서 살펴본다. 가장 기본적인 작업이지만, 가장 중요한 부분이기도 하다. 이어서 고독과 외로움의 차이를 통해 통상 외로움과 큰 구별 없이 사용해 온 고독의 의미를 명료하게 드러내었다. 이를 바탕으로 고독이란 무엇이며, 그것이 우리에게 왜 필요한가를 설명하였다. 그런데 그 필요성을 이해하기 위해서는 우리의 의식 구조에 대해서 알 필요가 있다. 고독은 일상적으로 활동하고 있는 '표층의식'을 잠재우고, 깊은 내면에서 드러나지 못하고 있던 그러나 늘 스스로 빛을 발하고 있던 '심층의식'을 드러내는 일이기 때문이다. 따라서 표층의식과 심층의식에 관해 좀 더 자세한 설명을 보탰다.

이러한 과정을 통해 '고독'이라는 개념, 그 필요성과 의의 등을 이해하게 될 것이다.

둘째 단락인 '고독에 서다'에서는, 고독을 사색하고 신앙했던 대표적 시인, 사상가, 수도자를 살펴보면서, '고독 단상'에서 제시했던 고독의 실례를 확인한다. 대체로 실존주의에 속하는 니체, 토머스 머튼, 릴케, 윤동주가 그 대상이다. 그들의 시와 기도와 사상에는 고독이 짙게 쌓여 있고, 그 고독을 통해 그들의 시와 사상과 신앙이 더욱 농익어 갔다. 그들의 삶에서 고독은 대체 무엇이었는지 그들 작품을 통해 알아보고자 했다. 마지막으로, 서구 실존주의의 '고독'에 영향을 주었던 노장(老莊)과 붓다의 고독을 살펴본다. 그들의 언설 속에 물론 '고독'이라는 용어는 보이지 않는다. 당시 동양에 '고독'이라는 단어가 없었기 때문이다. 그러나 고독은 분명 그들 삶의 중심을 이루었고, 그 고독을 통해 자신의 사상을 완성시켜 갔다. 그리고 그 절정에는 '명상'이 있었다. 그런데 묘하게도 위에서 거론한 실존주의자들 대부분 역시 명상을 중시했다. 따라서 마지막으로 고독과 명상의 관계를 살펴보았다.

이러한 과정을 통해 잊혀 간 '고독'의 가치를 재조명하고, 물질문명에 휘둘려 외적 쾌락에 탐닉해 왔던 우리에게 고독이 얼마나 중요하고 필요한 것인가를 전하고자 한다.

I

고독 단상(斷想)

1

잊혀 가는 고독

고독의 맛을 결코 음미해 본 적이 없다면
그때 당신은
당신이 무엇을 박탈당했고
무엇을 놓쳤으며
무엇을 잃어버렸는지조차
모를 것이다.

— 지그문트 바우만

'고독'에서 낭만과 멋을 찾던 시대가 있었다. 사람들은 고독한 척 바바리코트 깃을 올린 채 낙엽 진 거리를 배회했고, 미국의 개척시대를 다룬 서부영화는 고독한 총잡이를 주인공으로 내세우며 대성공을 거두었다. 영화 〈이유 없는 반항〉의 제임스 딘(James Dean, 1931~1955)은 단순한 반항아가 아니라 고독한 반항아였다. 우리나라 영화도 마찬가지다. 청춘영화나 하이틴영화의 주인공, 심지어 누아르영화의 주인공까지도 대부분 고독한 반항아였다. 먼 옛날의 일이 아니다. 불과 30, 40년 전만 해도 그랬다. 그런데 그런 주인공들이 언제부턴가 영화나 드라마 또는 소설에서 사라졌다. 이와 더불어 고독도 우리 뇌리에서 잊혀 갔다.

왜 고독은 사라졌을까.

고독은 한계상황적 '불안'에 놓여 있는 존재가, 그것을 해결하고자 홀로 그에 맞서는 상태를 뜻한다. 적어도 실존주의가 세상을 풍미했던 시대에는 여기서 인간 존재의 회복과 완성을 볼 수 있다고 여겼다. 그러나 산업화 시대로 접어들면서, 자본주의의 거센 물결 속에서 고독은 버려야 할 으뜸가는 품성으로 매도되었다. '소비'와 '쾌락'을 지향하는 자본주의적 인간에게 고독은 금기였다. 외적 성장에 정신이 팔려 내적 성장을 가져다주는 고독을 애써 잊어버린 것이다. 아니, 쫓아낸 것이다.

이런 흐름 속에서 고독을 '외로움', '단절', '격리' 등과 등치시키며 부정적으로 보기 시작했다. 인간의 행복과 완성은 자아실현을 위한 내적 성숙과 깊은 사념에서 오는 것이 아니라, 쾌락과 욕망을 따라 외적 물질을 충분히 획득하는 데서 얻어진다고 선전하면서 '고독'을 회피하려는 양태로 나아갔던 것이다.

고독의 위상 변화는 문학 속에서 분명히 나타난다. 1950년대 말-1960년대 초, 한국문학에서 고독은 '실존적 고독(인간의 근원적 특성)'을 가리켰으나, 산업화 시대와 때를 같이하여 현실 속에서의 격리상태(고립감)를 뜻하는 의미로 변화되기 시작한다. 실존주의적 작품들에서는 주요 인물이 경험하는 인간의 본질적·근원적인 고독에 초점이 맞춰져 있는 데 반해서, 그 이후의 리얼리즘 문학 또는 자본주의적 상업문화의 영향을 받은 작품들에서는 '격리, 단절, 소통의 부재, 외톨이' 등의 부정적 수식어를 고독에 덧씌우고, 그것을 극복의 대상으로 보고자 하는 경향이 강화되었다.[1]

그러나 자본주의 산업사회는 외로움과 동일시된 고독조차도 해결해 주지 못했다. '군중 속의 고독'이란 말이 이를 웅변해 준다. 사람들은 다시 '관계 맺기'를 그리워하게 되었다.

1 강정구,「고독에 접근하는 문학적 방식」,『어문연구』, 제36권 제3호, 2008, 195~215쪽 참조.

그러던 차에 IT시대가 도래하자 각종 소셜네트워크가 활성화되고, 사람들은 그것을 '홀로'의 외로움을 극복할 수 있는 구세주로 여겼다. 인터넷상에서 각종 라인으로 얽히고설켜 관계 맺기가 이루어진 사람들은 환호했다. 고독을 이겨 낼 것 같았다. 그러나 인터넷상에서의 연결은 생각보다 외로움을 달래 주지 못했다. 소셜네트워크상에서의 관계 맺기는 오히려 외로움을 가중시키고, 공허감은 더욱 커져만 갔다. 필요할 때만 이용하고, 그것도 진정한 관계 맺기가 이루어지지 않는 피상적 소통에만 그치고 마는 한계가 드러난 것이다. '그림의 떡'만 보고 허기가 채워질 리는 없지 않겠는가. 이런 사회에서는 행복의 바탕이 되는 정신적 힘이 자랄 수 없다. 누군가의 말이 생각난다. 요즘은 GPS가 발달하여 항해를 위한 등대가 필요 없단다. 그럼에도 계속 등대가 남아 있는 까닭은, 등대를 봄으로써 육지가 바로 코앞이라는 안도감을 얻기 때문이라고 한다. 물론 GPS를 통해 육지가 얼마 안 남았다는 것을 알고 있기는 하지만, 실제로 등대를 보는 것과는 그 마음가짐이 전혀 다르기 때문이다. 그렇다. 아무리 기계가 발달해도 심리상의 안정감은 그와는 또 다른 것이다. "고독의 맛을 결코 음미해 본 적이 없다면 그때 당신은 당신이 무엇을 박탈당했고 무엇을 놓쳤으며 무엇을 잃어버렸는지조차 모를 것"(『고독을 잃어버린 시간(*44 Letters from the Liquid*

Modern World』)이라는 지그문트 바우만(Zygmunt Bauman, 1925-2017)[2]의 외침을 깊이 음미해 보아야 할 것이다.

고독의 소멸은 세상을 대하는 진지함이 사라진 데서 온다. 그런 사회에는 "만남은 없고 단순한 스침만 있을 뿐"이다. 이제 잊혀 간 고독의 위상을 회복시켜야 한다. 고독은 두렵거나 회피할 게 아니다. 오히려 건강한 사회의 바로미터다. 고독을 잃어버린 시대를 아쉬워하며 오리아 마운틴 드리머(Oriah Mountain Dreamer, 1954-)[3]는 〈초대〉라는 시에서 노래한다. "슬픔과 절망의 밤을 지새운 뒤 뼛속까지 멍든 밤이 지난 뒤 자리를 떨치고 일어날 수 있는지, 모든 것이 떨어져 나가더라도 내면으로부터 무엇이 당신의 삶을 지탱하고 있는지, 고독한 순간에 자신과 함께 있는 것을 진정으로 좋아할 수 있는지, 알고 싶다"라고.

---

2 지그문트 바우만은 폴란드 태생의 사회학자로, 1980년대 신자유주의 시대 이후 급격하게 변동하는 서구 사회를 '액체 근대(Liquid Modernity)'라고 표현하였다. '액체 근대'란, 현대사회가 이전의 사회와 달리 끊임없이 변화하고 '흐르는' 유동적인 사회임을 의미한다. 다시 말해, 1980년대 이전의 사회는 어떤 고정된 이데올로기가 존재하는 고체 사회였다면, 1980년대 이후로는 고정된 이데올로기가 사라지고 파편화된 개인만이 존재하여 이데올로기가 물 흐르듯 생겨났다 사라지는 불확실성의 '액체 사회'라는 것이다. 한국어로 번역 출판된 『고독을 잃어버린 시간』(동녘, 2019)에는 '유동하는 현대 세계에서 보내는 44통의 편지'라는 부제가 보여 주듯, 불안한 우리 시대에 보내는 바우만의 지혜가 담겨 있다.

3 오리아 마운틴 드리머는 캐나다 온타리오 출신의 시인이며 명상 교사로, 그녀의 대표작 〈초대〉와 〈춤〉은 많은 시 모음집에 실려 널리 읽히고 있다.

2
고독에 대하여

외로움은 자신의 빈곤이고,
고독은 자아의 풍요로움이다.

— 메이 사튼

'고독'은 문학과 예술, 그리고 철학의 단골 주제다. 생각해 보면 우리는 고독이라는 말에 묘한 애착을 가진 것 같다. 모든 것을 고독에 갖다 붙이려 하기 때문이다. 슬픔도, 외로움도, 적막할 때도, 그리워할 때도, 홀로 걸어가는 뒷모습이나 우두커니 앉아 있는 모습에도. 어찌 보면 모두 고독이라는 실타래의 한 올씩을 지닌 것도 같다. 그런데 막상 고독에 관해 말해 보려고 하면 설명이 쉽지 않다. 그 용례도 다양하게 나타나 사람마다 조금씩 달리 사용한다. 아마 정확히 콕 집어 정의하기 힘든 용어 중의 하나가 아닐까 생각한다.

혹자는 "사전이 있는데 무슨 걱정이야?"라고 할지 모르겠으나 이것도 참 어려운 문제다. 사실 사전에서 먼저 단어의 뜻을 규정하고 난 뒤, 사람들이 그것에 따라 단어를 사용하는 것이 아니다. 사전은 기본적으로 사람들이 사용하는 용례를 모아 놓은 것에 불과하며(물론 처음 만들어진 단어나 조어는 예외인 경우도 있다), 게다가 사전적 의미도 조금씩 바뀌어 가므로,[1] 사전이 있다고 모든 단어의 의미를 정확히 알 수 있는 것은 아니다.

어렵겠지만 여러 각도에서 '고독'의 의미를 탐색해 보기로 한다.

---

1 사람들이 사용하는 단어의 뉘앙스가 조금씩 변해 가기 때문에 사전에 수록된 단어의 의미가 변해 가는 것은 당연하다고 하겠다.

(1) 사전적 의미

사전에서 '고독'을 찾아보면, "세상에 홀로 떨어져 있는 듯이 매우 외롭고 쓸쓸함"이라고 기술되어 있다. 다만 이것은 고독이라는 말을 많은 사람들이 그렇게 사용하고 있으며 거기에 큰 문제가 없음을 말해 주는 것에 지나지 않는다.

여하튼, 사전적 의미로만 보면 고독은 '외로움'이라는 단어와 그다지 차이가 없는 것 같다. '외롭다'의 사전적 의미가 "홀로 되거나 의지할 곳이 없어 쓸쓸하다" 또는 "홀로 되어 쓸쓸한 마음이나 느낌"으로 되어 있기 때문이다.

그렇다면 '고독'과 '외로움'이 같은 의미인가? 아니다. 우리는 일상에서 두 단어를 확실히 구분해서 쓴다. 게다가 '외로움'과는 전혀 다른 뜻으로 '고독'을 사용하기도 한다. 그렇게 되면 고독의 의미는 더욱 오리무중이다. 사전이 위의 설명만으로 고독의 의미를 끝내려 한다면, 적어도 사전의 역할을 방기하고 있다고 감히 말할 수 있다. 도대체 고독이라는 단어는 무엇을 말하는 것일까?

먼저 고독의 의미를 알아보고, 이후 '고독'과 '외로움'의 차이에 관해서도 살펴보기로 한다.

(2) 번역어로서의 '고독'

고독의 의미를 알아볼 때 주목해야 할 점이 있다. '고독'은 순우리말이 아니라는 것이다. 그렇다고 순중국말도 순일본말도 아니다. 그렇다면 뭘까? 서양에서 들어온 말, 즉 서양에서 들어온 용어를 번역하는 과정에서 만들어진 단어다. 정확히는 영어의 'solitude'라는 말이 한자 문화권에 전해졌을 때 일본인들이 그것을 '고독(孤獨)'으로 번역하였고, 우리는 그 번역어를 그대로 사용하고 있는 것이다.

외국 문화를 받아들일 때 번역은 매우 지난한 문제다. 번역하고자 하는 언어의 배경이 되는 문화와 역사 및 해당 어휘의 기원 등을 세세하게 알아야 함은 물론, 번역하는 당사국의 문화와 역사 역시 상세하게 알지 않으면 안 되기 때문이다. 당시 동아시아에서는 일본이 서구 문화를 받아들이는 데 앞장섰기 때문에, 대부분의 서구 언어에 대한 번역은 일본인에 의해 이루어졌다.

일본인들은 이 '고독'이라는 번역어를 어떻게 만들었을까? 그들은 'solitude'를 번역할 필요에 직면했을 때 중국 고전을 샅샅이 뒤졌다. 번역과정에서는 필수적인 일이다. 그런데 거기에 딱 맞는 기성 한자어는 없었다. 번역되기 이전 중국에는 '고독'이라는 말이 없었다는 의미이기도 하다. 그렇다면 한자를 새롭게 조합하여 만들어야 했다. 이때 그들은 '부모 없는 고(孤)'와 '늙어서 자식 없는 독(獨)'을 조합하여, '고독(孤獨)'을 'solitude'의 번역어로 채택하였다. 아마 『맹자』 「양혜왕·하」 편을 참조하지 않았나 생각된다. 왜냐하면, 거기에 '고'와 '독'의 뜻이 연이어 등장하기 때문이다.[2]

『맹자』에 보이는 '고독'은 "부모를 여의고(고) 자식도 잃은 채(독) 홀로 남은 자, 즉 사고무친(四顧無親)"이라는 뜻이다. 그런데 유난히 가족공동체 전통이 깊고 강한 동아시아 문화권에서 부모 자식 없는 '혼자'는 아무래도 외롭고 쓸쓸한 분위기를 짙게 드리우고 있으며, 아울러 부정적 느낌도 다분하다. 당시 '환과독고(鰥寡獨孤)'한 사람은 국가가 돌봐야 할 최우선계층, 당시 말로는 '사궁민(四窮民)' 즉 '네 부류의 곤궁한 백성'이었다. 그래서 이후 '외로울 고', '홀로 독'이라는 훈이 첨가되었으리라 생각한다. 일본인이 번역할 당시에는 중국에서 '외로울 고', '홀로 독'이 이미 상용화되어 있었다. 따라서 그들은 『맹자』를 참조해 '고독'이라는 조합어를 만들었다 해도 아마 '외로울 고'나 '홀로 독'의 의미를 취했을 것

2 원문은 다음과 같다. "늙어 부인이 없는 것을 환(홀아비)이라 하고, 늙어 남편이 없는 것을 과(과부)라 하며, 늙어 자식이 없는 것을 독이라고 하고, 어린데도 아비가 없는 것을 고(고아)라고 한다. 이들 네 부류의 사람들은 세상의 궁한 백성이며 의지할 데 없는 사람들이다(老而無妻曰鰥, 老而無夫曰寡, 老而無子曰獨, 幼而無父曰孤. 此四者, 天下之窮民而無告者)."

이다.

'solitude'에 '홀로'라는 뉘앙스가 들어 있으므로 그렇게 번역한 것 같지만, 그것만으로는 'solitude'의 의미를 온전히 드러내기에 부족함이 있다. 번역 시 '홀로'인 상태에 방점을 두고, 거기에 깃든 분위기나 느낌은 중요시하지 않은 것 같다. 'solitude'는 분명 혼자 있는 상태지만, '외롭게 혼자 있다'는 의미는 아니다. 그런데 한자 '고독'으로 번역하고 나니, 홀로 남아 외톨이가 된 자의 쓸쓸하고 외로운 그림자가 어른거린다.

참고로, 일본에서도 '고독'이라는 단어가 정착하기까지 꽤 우여곡절이 있었던 듯하다. 이노우에 데츠지로(井上哲次郎, 1855-1944)[3]가 쓴 『철학자휘(哲學字彙)』[4]에는 'individuality'를 '고독(孤獨)'으로 번역하고 있음에서 그 사정을 짐작할 수 있다. 번역 초기부터 '고독'은 '한 개인으로서의 혼자'라는 뜻이 강했던 글자였음도 알 수 있다. 이후 'individuality'는 개성, 개체 등의 번역어로 정착되고, 대신 '고독'은 'solitude'

3 이노우에 데츠지로는 지금의 후쿠오카현(福岡縣) 지쿠젠 출신으로 도쿄제국대학을 졸업하고, 독일 유학 이후 모교 철학 교수로 재직했다. 그는 서양철학적 방법을 빌려 와 동양철학 이론을 체계화하는 데 기여했으며, 서양철학과 동양철학을 종합하는 데 많은 노력을 기울였다. 주요 저작으로, 『일본양명학파의 철학(日本陽明學派之哲學)』(1900), 『일본고학파의 철학(日本古學派之哲學)』(1902), 『일본주자학파의 철학(日本朱子學派之哲學)』(1905) 3부작이 있다.

의 번역어로 채택되기에 이른다.

'고독'의 의미를 이해하기 위해 또 하나 알아야 할 것이 있다. 'solitude'는 18세기 낭만주의가 등장하면서 'romantic(낭만적)'이라는 단어와 깊은 관계를 갖게 된다는 점이다. 주지하듯 낭만주의는 계몽주의에 대한 반발로 생겨났다. 이성과 객관 그리고 보편을 중시하는 계몽주의를 비판하고, 인간 개개인의 개성과 현실적 감성, 욕망, 그리고 자연과 전원을 중시하였다. 그들에게 '낭만적'이라는 말은, 합리적인 이성과는 달리 개성에 기반한 창조성, 자연과의 친밀함, 당당한 삶의 자세 등의 의미를 지니고 있었다. 아마 획일적 가치에 매몰되지 않고 자신의 개성을 당당히 표현한다는 뜻이 아니었을까 생각된다. 이 '낭만'이 '고독'과 연계되면서 '낭만적 고독'이라는 용어가 널리 쓰이게 된다. 이제 'solitude'는 외로움이나 단절과는 다른 '당당히 혼자이기를 추구하는 것', '혼자가 됨으로써 창조성을 키우고, 자연과 합일하기 위해 사색과 성찰의 지고한 정신세계로 들어가는 것'을 의미하였다.

그런데 이 'roman'을 '낭만(浪漫)'이라는 단어로 번역한 것도 일본인이었다. 그들이 번역한 '낭만'은 낭만주의자들의

---

4 요즘 말로 하면 '철학용어사전'에 해당한다. 1881년 만들어진 일본 최초의 철학사전이라고 할 수 있다. 참고로 '형이상학'이라는 신조어를 만든 것도 이노우에 데츠지로였다.

뜻과는 달리, 감성적인 태도나 우수의 감정이라는 뉘앙스가 강했다. '낭만'의 외형만을 적극적으로 받아들인 것이다. 그리고 이러한 '낭만'이 '고독'과 연결되면서 쓸쓸하고 외로운 감성적 이미지의 '고독'이 생겨나는 데 일조한다.

(3) 'solitude'의 어원적 측면에서 본 '고독'

그러면 이제 수입어 'solitude' 자체에 관해 알아보자.

'solitude'의 어원에 관해서는 일반적으로 두 가지 견해가 있는 것 같다.

하나는, 라틴어의 sol(혼자, 단독, 유일의)+it(가다, 있다)+tude(명사형 어미)로 보는 견해이다. 이렇게 보면 '혼자 가는(있는) 것'이니 한자 '고독'으로 번역한 이유를 알 것 같다. 물론 '혼자 간다(있다)'고 해서 그것이 외로운 상태를 말하는 것은 아니지만, '혼자'에 방점을 두고 찾다 보니 '고독'을 번역어로 택했을 것이다.

다른 하나는, 태양을 마주하고 홀로 선 인간으로 보는 견해이다. 'solitude'의 어원인 라틴어 'sol'을 'sohora'에서 유래하였다고 보는 것이다. 'sohora'는 'to send out', 'ejaculate' 등의 의미로, '(동쪽에서 서쪽으로) 강렬한 빛을 발산하는 것'

이라는 뜻을 갖는다. 다름 아닌 '태양'을 뜻하는 것이다. 따라서 이 경우 'solitude'는 '태양과 함께 가다(있다)'를 의미한다. 태양은 예나 지금이나 생명 에너지의 근원이다. 태양계 안에 존재하는 모든 생명체의 삶을 유지시키는 힘, 절대자인 것이다. 전통사회에서 어느 지역을 막론하고 보편적으로 '태양신'을 신앙했던 것은 너무나 자연스러운 일이었다. 태양의 엄청난 위력 앞에 그것을 마주하고 홀로 선 인간! 그러나 사고를 뛰어넘는 절대 존재의 강력한 벽 앞에 무력감과 막막함은 있을지언정 공포나 외로움은 없다. 절대자를 향해 홀로 뚜벅뚜벅 기약 없는 발걸음을 내딛는 인간, 그것이 바로 'solitude'인 것이다. 앤서니 스토(Anthony Storr, 1920-2001)[5]는 『고독의 위로』에서, 'solitude'란 절대자 앞에서 느껴지는 마음 상태, 또는 '홀로 있을 수 있는 능력'이나 '창조적 삶을 살아가는 원동력' 등을 의미한다고 했다. 그렇다면 '고(孤)'와 '독(獨)'을 합쳐 놓은 '고독'은 별로 좋은 번역어가 아니다.

어원적으로 위의 두 견해가 차이를 보이지만, 개인적 생각으로 'sol'에 '유일의'라는 의미도 들어 있어, 이것에 초점을 맞추면 이 역시 '태양(절대자)'으로 볼 수도 있지 않나 하는 생

5 앤서니 스토는 영국 최고의 지성으로 손꼽히며, 정신분석학 및 심리학 분야에서 금세기 가장 탁월한 학자 중 한 사람으로 평가받는 정신분석의다. 그의 대표작 *Solitude: A Return to the Self*(이순영 옮김, 『고독의 위로』, 책읽는수요일, 2011)는 고독의 심리학을 다룬 역작으로 평가받고 있다.

각이다. 더구나 라틴어의 태양은 'sol'이기도 하다. 따라서 '절대자 태양을 홀로 마주하고 있는 인간의 상태'가 '고독'의 뜻이라고 볼 수 있다. 여하튼 어떤 경우에도 'solitude'에 '홀로'라는 의미는 있으나, '외로움'이나 '쓸쓸함'이라는 의미는 강하게 내포되어 있지 않다. 그렇다면 우리가 알게 모르게 '고독'을 '외로움'이나 '쓸쓸함'으로 사용한 것은 본래 뜻의 왜곡이었다는 생각이 든다. 물론 많은 사람이 오랜 세월 그렇게 사용해 왔고, 일반적으로 그 뜻이 통용됨을 인정하여 사전에도 올라 있으니, 우리 현대를 사는 사람들이 '고독'을 '외로움'의 의미로 쓴다 해서 크게 잘못되었다고 할 수는 없다.

그런데 실은 우리가 통상 사용하는 용어상에서도 '고독'과 '외로움'에는 분명한 차이가 있다. 고독의 뜻을 좀 더 명확히 하기 위해 '고독'과 '외로움'의 차이에 대하여 생각해 보기로 하자.

(4) '고독'과 '외로움'

앞서 잠깐 언급했듯, '고독'을 부정적인 것으로 치부하는 경향이 있다. 이것은 인간을 사회적 동물로 규정하고, '사회적 동물'이라는 말을 타인과의 '관계 맺기'와 동일한 의미로 보는 데서 생겨난 현상이다. 혹 타인과의 관계에 무심하여 종종 홀로 지내면 정신적으로 좀 문제가 있지 않나 하고 보는 것이다. 특히 서양에서는 정신분석학이 그런 경향에 커다란 영향을 끼쳤다. 정신분석학자들은 관계 맺기가 서툰 것은 어렸을 때 무언가의 잘못된 환경에서 비롯된 정신적 질환이라고 생각했다. 게다가 상업자본주의 발달이 거기에 기름을 퍼붓는 형국이 되면서 오랫동안 홀로 지내는 것을 부정적인 시각으로 보는 현상이 고착화되었다. 이런 경향은 '고독'을 '홀로'라는 점에 주목하여 '외로움', '단절'이라는 용어와 동일시하는 데 그 원인이 있다.[6] 그러나 그것이 '고독'의 본뜻은 아니다. 고독을 부정적으로 볼 수는 있다. 하지만 그것을 관계능력의 결핍이라거나, 홀로 외롭고 쓸쓸하게 지낸다는 의미에서 부정적으로 본다면 그것은 '고독'에 대한 오해다.

앞서 살펴보았듯 사전에서는 '고독'과 '외로움'을 비슷한 의미로 풀이하고 있지만, 양자는 엄연히 다르다. 사실 우리도 일상적으로 둘을 구분하여 사용한다.

누군가를 보고 "얼마나 외로울까"라고 말하는 경우, "얼

6 특히 문학가들이 외로움을 표현할 때 '고독'이라는 말을 즐겨 사용하고, 기타 학문적 용어로도 짙은 외로움을 나타낼 때 '고독'이라는 밀을 사용하면서, '고독'을 '외로움'과 동일시하는 경향이 더욱 농후해진 것 같다. '외로움'보다 '고독'이 더욱 문학적이고 격조 높은 어휘라는 생각 때문에 이런 현상을 낳은 것이 아닐까 추측해 본다.

마나 고독할까"라는 말로 대체하면 뜻이 어색해지는 경우가 많다. 예를 들어, 매일 혼자 외톨이로 지내거나 사랑하는 사람과 헤어져 고개 숙이고 혼자 다니는 사람에게 '외롭겠다' 라고 말하기는 하지만, '고독하겠다'라고 말하지는 않는다. '고독'은 단지 외롭거나 쓸쓸한 상태가 아니라 거기에 무언가가 덧붙여져 있다. '외로움'의 감정이 없어도 '고독'한 상태는 충분히 가능하다. 내가 혼자라고 해서 고독한 것도 아니며, 가을 잎이 뚝뚝 떨어진다고 고독한 것도 아니다. 쓸쓸하고 외롭기야 하겠지만. '고독'은 '외로움'과는 분명 결이 다르다. 슬픔도, 기다림도, 외로움도, 고독 속에 어른거리고 있으나 그것들은 분명 다른 영역이다. 고독에는 슬픔도, 기다림도, 외로움도 넘어서는 더 깊고 복잡한 무엇인가가 있다.

"아, 오늘은 고독하다!"라고 독백하는 사람은 드물다. "나, 지금 고독해!"라고 상대방에게 말하는 경우도 거의 없다. 이런 경우 통상 '외롭다' 또는 '쓸쓸하다'라는 말을 쓴다. '고독'은 자주 언급되지만 의외로 일상 회화에서는 별로 쓰이지 않는 말이다. 물론 글로 쓸 때나 지난 일을 회상할 때는 적지 않게 사용한다. 누군가가 일기를 쓴다면, "고독한 하루가 지났다"라고 쓸 수는 있다. 즉, 자기를 객관화시켜 대상으로 생각할 때는 '고독'이라는 용어를 사용하는 것이다.[7] 반면, 타인에게는 곧잘 사용한다. "너 참 고독해 보인다"라거나, "무문관에서 지내면서 얼마나 고독했을까? 그 깊디깊은 고독의 시간을 어떻게 이겨 냈을까!"라고 어느 수도자를 향해 말하는 것은 얼마든지 가능하다. 그러나 무문관에서 수행하던 당사자는 쓸쓸하고 외롭고 힘들다는 생각은 했을지라도, 수행하는 그 순간 고독하다고 생각하지는 않았을 것이다(물론 위에서 말했듯, 그 수행자가 일과를 끝내고 하루를 회상하는 글을 쓰면서 '오늘은 참 고독했다'라고 쓸 수는 있을 것이다). 왜 그럴까? 이런 차이는 어디서 생기는 것일까?

뒤에서 좀 더 자세히 설명하겠지만, '고독'은 단순히 혼자 있는 것이 아니라, 무엇인가를 깊이 사념하거나 참된 자기와 만나기 위해 홀로 내면에 몰입해 있는 상태를 말한다. 즉, 고독에는 깊은 사념이 필수요건이다. 그러니 발화자나 수행 당사자가 깊이 사념하는 그 순간에 자신이 고독하다고 느낄 수는 없지 않겠는가. 사랑하는 사람과 헤어진 자가 고독하기 위해서는, 상대가 미칠 듯 그리울 뿐 아니라 사랑이나 이별 등에 대해 홀로 깊은 사념에 잠겨 있을 때라야 가능한 것이다. 그리고 무언가에 몰입된 그 순간에는 자신이 고독하다고 생각할 수 없다. "나는 고독하다"라고 말할 때는 사실 고독

7 다만, 이 경우에도 단지 고립되어 혼자 있었다는 뜻으로 '고독'이라는 용어를 사용하지는 않는다.

하지 않은 것이다. 혼자 있는 것을 느끼지 못하면서 혼자 있는 것을 '고독'이라 하고, 혼자 있는 것을 느끼면서 혼자 있는 것을 '외로움'이라 한다는 말도 같은 맥락이다.

그러면 이제 '고독'과 '외로움'의 차이에 좀 더 접근해 보자. 결론부터 말하자면, 외로움은 물리적·정신적으로 떨어져 있는 데서 느끼는 감정이지만, 고독은 일부러 거리감을 두고 '홀로' 있는 상태다. 또는 적어도 스스로 결단할 문제에 몰입하여 타인과 자연히 거리가 멀어진 상태다.

'외로움'은 혼자 있을 때의 정서적·감정적 상실감이나 쓸쓸함을 표현할 때 사용되는 단어다. 당연히 스스로 혼자 있는 것이 아니라, 자신의 의지와 상관없이 혼자 있게 된 상황일 때 사용된다. 물론 '혼자 있는 것'이 반드시 고립되어 있다는 것은 아니다. 다른 사람들과 함께 있어도 그들과 소통이 되지 않고 겉돌고 있다고 생각될 때, 정서적 연결과 소통이 전혀 이루어지지 않는다고 여겨질 때 우리는 외로움을 느낀다. '외로움'에는 부정적 감정이 들어 있다. 외로움은 관계의 결핍과 소통 부재 상태의 감정이기 때문이다.

'고독'은 '혼자' 있다는 점에서는 '외로움'과 궤를 같이하지만, 타인에 의해 강제로 혼자 있게 된 것이 아니라 자기 스스로 어떤 필요 때문에 의도적으로 혼자 있는 것을 택한 것이다. 나아가 혼자 있는 상태를 즐기기까지 한다. 외로움은 누군가 곁에 있으면 해소되지만, 고독은 누가 곁에 있어 소통하는 것으로 해결되지 않는다. 정신적 허기가 채워져야만 비로소 해결된다. 헨리 나우웬(Henri Nouwen, 1932–1996)[8]이 말했듯, "고독은 우리들 마음의 정원이다. 그것은 홀로 있음으로써 결실을 맺게 하는 장소이다. 그리고 지친 몸과 걱정에 싸인 마음에 평안을 주는 고향"(『사막의 영성』)이다.

영어권에서도 'solitude(고독)'와 'loneliness(외로움)' 양자를 구별하여 사용한다. 『옥스퍼드 영어사전』을 보면, 'loneliness'의 뜻을 "친구 또는 대화를 나눌 사람이 없어서 느끼는 불행한 감정(a feeling of being unhappy because you have no friends or people to talk to)"으로 기술하고 있다. 이에 반해 'solitude'는 "혼자 있으면서 이를 즐겁게 여기는 상태(the state of being alone, especially when you find this pleasant)"로 기술하고, 그 예문으로 "She longed for peace and solitude(그녀는 고요한 마음의 평화와 고독을 갈망했다)"를 싣고 있다. 'loneliness'가 홀로 남겨짐에서 오는 불유쾌한 감정이라면, 'solitude'는 혼자인 상태이기는 하지만 그 상태가 즐거울 때 사용한다는 것이다. 여기에 '외롭고 쓸쓸함'이라는 뜻은 들어 있지 않다.

8 헨리 나우웬은 네덜란드 출신의 로마가톨릭 사제이자 사목신학자이며, 그리스도교 영성가로도 널리 알려져 있다. 저서로 『영성의 씨앗』(송인설 옮김, 그루터기하우스, 2003), 『열린 손으로』(조현권 옮김, 성바오로출판사, 2003), 『나홀로 주님과 함께』(신선명 옮김, 아침영성지도연구원, 2006) 등이 있다.

번역어 '고독'의 원어인 'solitude'는 분명 '혼자 있는 것'이지만 외롭거나 쓸쓸한 것이 아니며 게다가 부정적인 상태는 더더욱 아니다. '즐긴다'는 것이 반드시 오락처럼 재미있어야 하는 것은 아니다. 그 과정이 힘들고 두려워도 그것을 즐겨 하는 경우는 의외로 많다. 예를 들어, 힘들고 때로 목숨까지 내놓을 수도 있는 위험한 스포츠(설산이나 암벽 등반, 파쿠르, 오토바이 질주 등)를 즐겨 하는 경우도 많지 않은가? 거기에는 두려움을 보상하고 남을 만큼의 어떤 의의가 있고, 그것이 결국 즐거움을 가져다주기 때문이다. 미국의 여류시인 메이 사튼(May Sarton, 1912–1995)[9]은 *Journal of a Solitude*(고독의 저널)에서 "외로움은 자신의 빈곤이고, 고독은 자아의 풍요로움이다(Loneliness is the poverty of self, solitude is richness of self)"라고 말한다. 여하튼 '외로움'과 '고독'은 서구권에서도 구별하여 사용하고 있다(물론 혼용하여 쓰기도 한다). 그래서 "외로움은 외로움이고 고독은 고독으로, 둘은 전혀 다른 것이다(solitude is one thing and loneliness is another)"라는 말도 있다.

한나 아렌트(Hannah Arendt, 1906–1975)[10]는 '홀로'일 때 갖는

9 메이 사튼은 소설가이자 시인이며 에세이스트로, 벨기에에서 태어나 네 살 때 가족을 따라 미국으로 이주했다. 『작은 방』, 『예측』, 『분노』 등의 소설과 『4월의 만남』, 『사자와 장미』 등의 시집, 그리고 여러 편의 산문을 남겼다.

10 한나 아렌트는 독일 출신의 작가이자 정치 이론가로 마르부르크 대학에서 하이데거의 지도하에 철학을 공부했다. 이후 하이델베르크로 이주하여 실존

감정에는 세 가지가 있다고 하면서, 현대인의 정신적 상황을 고립(isolation), 외로움(loneliness), 고독(solitude)의 관점에서 분석하였다. '고립'은 세상의 질서와 공적 영역에서 소외되어 있다고 느끼는 감정이다. '외로움'은 타자와의 관계 속에서 느끼는 감정이다. 나아가 '나'와의 소통마저 끊긴 상태이기도 하다. '고독'은 고립, 외로움과는 상이한 개념이다. 그것은 자발적이고 능동적으로 혼자가 되어, 자기 자신과 대화하고 사유하는 실존적 삶의 다른 이름이다. 고독은 자기 자신과 나누는 침묵의 대화이며, 우리가 고독할 수 있는 능력, 즉 혼자 있을 수 있는 능력을 잃으면 생각할 능력도 잃게 된다고 한다.

'외로움도 고독'이라는 현대 사전적 정의를 수용하여 아렌트의 주장을 다시 정리하면 다음과 같이 말할 수 있다. 고독은 크게 '관계의 부재에서 오는 고독'과 '한계상황에 대면하여 실존의 자신을 찾기 위한 정신적 고독'으로 나눌 수 있다. 전자는 '외롭고 쓸쓸함'이라는 의미가 포함될 수도 있다. 후

주의 철학자이자 심리학자인 카를 야스퍼스의 지도로 사랑의 개념에 대한 논문을 썼다. 그녀는 주로 권력(power)의 속성 및 정치, 권위(authority), 그리고 전체주의와 같은 주제들을 연구하였으며, 많은 부분이 집단적 정치 행동과 같은 의미로서의 '자유의 개념'을 긍정하는 데 초점을 두고 있는데, 이는 20세기와 21세기 정치 이론가들에게 큰 영향을 끼쳤다. 대표적인 저서로 『전체주의의 기원』, 『인간의 조건』, 『예루살렘의 아이히만』 등이 있다.

자는 문제를 회피하지 않고 그 중심으로 돌진하여, '비움'과 '내맡김'을 통한 자기 본성과의 대면을 가능하게 함으로써 긍정적 해결의 길로 나아가게 한다. 나중에 살펴보겠지만, 고독에 대한 이런 구분이 가능하기 때문에 고독을 '거짓 고독'과 '참된 고독'으로 나누어 보려는 견해가 생겨난다. 이들은 고독의 외로운 측면(고립)과 자아 성찰의 측면을 각각 '거짓 고독(파괴적 고독)'과 '참된 고독(생산적 고독)'으로 나누어 설명한다. 거짓 고독의 마음에는 맑은 정신이 모이는 것이 아니라 욕망과 아집의 거친 마음이 먼지처럼 부유한다. '파괴적 고독'은 '생산적 고독'으로 전환되어야 한다.

'고독'에 대한 대강의 밑바탕을 그려 보았다. 이제 '고독'의 의미에 대한 보다 상세한 접근을 시도해 볼 차례다.

(5) '고독' 이란?

"당신은 결코 다시는 혼자 있지 않아도 될 것입니다!" 한 시대를 풍미했던 워크맨(walkman)의 광고 문구다. '혼자 있는 것'이 그렇게도 잘못된 것인가? '홀로' 있기를 즐긴다 해서, 그가 다른 사람들과 단절되어 살거나 인간관계를 소홀히 하는 것은 아니다. 숨 가쁘게 돌아가는 세상에서 '홀로'의 시간을 갖는다는 것은 오히려 매우 중요한 덕목일 수 있다. 이런 맥락에서 조희정은, "'관계의 부재'에 대해 '있는 상태가 정상임에 반해 없는 상태는 비정상(관계의 결핍)'이라고 판단하거나, '원래 있었던 것인데 없어진 것(관계의 상실)'이라고 규정하거나, '다른 방식의 관계가 존재한다(관계의 대체)'고 대처하고 만다면, 이는 '관계의 부재'를 부정적이고 병리적으로만 파악하는 소극적 대처이다. (홀로를) '관계의 부재'로 이름 붙이는 한, 있어야 할 것이 없다는 관점을 벗어나기 어렵다. 이제 관점의 변화가 필요하다. … '부재'나 '결핍'이 아닌 방식으로 '고독'을 다룰 방안을 고려해야" 한다고 주장한다.[11]

고독은 단순한 '홀로'가 아니며, 관계를 소홀히 하거나 회피하는 것도 아니다. 홀로 고립되거나 소통을 끊고 스스로 유폐하는 것이 고독의 양상과 겉모습은 비슷하다는 점에서, 일부 학자들은 그것을 '(거짓) 고독'이라 칭하기도 한다. 그러나 엄밀히 말하면 그것은 고독이 아니다. 앞서 말했듯이, 고독은 무언가를 행하기 위해 능동적으로 '홀로'를 택한 것이다. 더구나 고독은 더욱 풍성한 형태로 세상에 나아가 타자

11 조희정, 「어부 형상을 통해 본 고독의 서사와 문학치료—굴원의 〈어부사〉와 이별의 〈장육당육가〉를 중심으로」, 『문학치료연구』 30권, 한국문학치료학회, 2014, 9-42쪽.

와 깊은 관계를 맺기 위한 것이라는 점에서 '고립'이나 '유폐'와는 전혀 다른 성질의 것이다.

이 세상에는 백사장 모래알만큼이나 많은 사람이 살아간다. 그들 제각각 밤하늘의 별만큼 많은 고뇌를 안고 있다. 시시각각 불현듯 고뇌가 우리를 찾는다. 홀로 그 고뇌를 껴안고 깊은 사념에 잠길 때 우리는 '고독'에 들어간다. 고독이 아무 때나 오는 것은 아니다. 큰 격정과 더불어 깊은 사색과 의지가 있지 않고서는 고독의 문 앞에조차 설 수 없다. 고독의 대상은 어떤 것이든 좋다. 외로움도 사색의 대상이 될 수 있다. 그 중심에 서면 외로움의 진면목이 보인다. 그러나 외로움의 중심에 서면 그것은 이미 '외로움'이 아니라 '고독'이다. 슬픔도 깊은 사념의 대상이 되면 고독이 된다. 두려움도 사념하면 고독이고, 그리움에 가슴 시려 그리움을 사념하면 그것 역시 고독이다. 삶의 무게에 지친 가장이 소주 한잔을 앞에 두고 생활고의 고뇌에 잠긴 순간, 아무것에도 의지할 수 없이 혼자만의 결단을 내려야 하는 순간은 '고독'이다. "아버지의 눈에는 눈물이 보이지 않으나 / 아버지가 마시는 술에는 항상 / 보이지 않는 눈물이 절반이다"(김현승, 〈아버지의 마음〉)라고 하지 않는가. 그 눈물이 고독이 아니면 무엇이겠는가!

'고독'은 내게 진지한 문제, 절실한 문제를 성찰하기 위해 홀로 깊은 사념에 잠긴 상태를 의미한다. 장소는 그렇게 중요하지 않다. 번잡한 세속을 떠나 자연 속에서 고독을 추구해도 좋고, 도심에서 고독을 찾아도 좋다. 다만 그 목적은, 외적 소음을 끊고 고요히 침묵하려는 데 있어야 한다. 벽과 마주하여 풀리지 않는 문제에 대한 고뇌의 사색을 진전시켜가다 보면, 자연히 내면 깊이 가라앉아 있던 심층의식이 활성화되고, 여기서 막막하던 삶의 비밀이 풀리며 고뇌에 대한 답이 얻어진다. 의식적으로 그렇게 되는 것이 아니라, 무의식적으로 저절로 진행되는 과정이다.

그러면 이러한 점을 염두에 두면서 '고독'을 몇 가지로 나누어 설명하기로 한다.

첫째, 고독은 '사유의 획일화'에 대한 저항이다.

사춘기에 접어들 즈음이면 "나는 누구인가, 어디서 와서 어디로 가는가?"라는 존재론적 질문에 빠져들기 시작한다. 어설프지만 우리의 첫 '고독' 경험이 시작되는 것이다. 그런데 사회는 이 중요한 '고독'이라는 덕목을 오랫동안 유지해가도록, 더 다듬어지도록 키워 주지 못했다. 아니, 오히려 우리 의식을 획일화시키고 단편화시키는 데 열중해 왔다. 그리는 사이 우리는 '사유 불감증'이 되어 갔다. 주체적 사유가 불가능한 인간이 된 것이다. 국가, 사회, 또는 미디어가 어떤 사건(또는 상황)의 시비 여부를 자기의 잣대 그대로 믿고 따르도록 한다면, 그것은 개인의 사고 과정을 막아 버리는 폭력이다. 그런데 산업사회가 극히 발달하고 미디어가 횡행하는 현대사회는 그러한 경향이 농후하다. 현대의 대량생산사회는 수제품과 달리 같은 모양으로 단번에 대량의 물건을 찍어 낸다. 당연히 그것을 사용해야 하는 소비자에게는 '개성'보다 획일화되고 수평화된 눈이 요구된다. 그래서 산업사회는 개인들의 개성을 말살시키려 해 왔다. 학교 교육이 평준화라는 이름으로 고만고만하게 고른 학생을 양성하는 형태로 진행되는 것은 이와 무관하지 않다. 물론 시험성적으로 학교를 서열화하자는 의미는 결코 아니다. 다만 학교가 학생 개개인의 다양한 개성과 창의성을 살려 주는 교육을 해야 한다는 뜻이다.

무조건 받아들인 지식과 당대의 사회·국가가 강요·주입하는 가치관(이념)이 마음에 쌓이면 '성심(成心: 이미 형성된 고정관념)'을 이룬다. 이것이 우리의 사유에 개입하면 '선입견'으로 작동한다. 선입견이 있다는 것은, 무엇을 판단하기 전에 이미 입장이 정해졌다는 의미다.

이렇게 획일화된 인간 집단을 '대중(무리)'이라고 한다. 대중은 하나의 덩어리가 된 '집단'일 뿐이며, 그 안의 개인은 스스로 선택하거나 판단할 능력을 상실한다. 따라서 그들은 비판의식이 결여되어 대중이 선도하는 유행을 무조건 따르는 경향을 보인다. 그 결과, 비슷비슷한 외모, 취향, 욕망, 이념을 가진 동형동종의 인간군이 고만고만한 마을과 주택에서 살아간다. '자기 자신'의 선택과 판단을 통해, 자신이 정말 좋아하고 원하는 것을 행하기 위해서는 과감히 이런 행태를 버려야 한다. 그 중요한 방법 중의 하나가 고독에 잠겨 '거짓 자아(에고)'의 활동을 약화시키는 것이다. 그러면 내적 심층의식이 활성화되어 자기 자신의 호오(好惡)에 따른 삶이 가능해진다. "순종하지 않으려면 혼자일 수 있는 용기가 있어야 한다"는 에리히 프롬(Erich Fromm, 1900-1980)의 말은 바로 이 점을 말한 것이다.

'고독'은 주어진 틀에 따르지 않고, 스스로 생각하고 판단하려는 자들의 전유물이다. 그래서 고독은 어렵고 힘들다. 대중들의 다수 의견에 반하는 위험을 무릅써야 하고, 따라서 늘 남들의 따가운 눈총을 의식하면서 살아가야 하기 때문이다. 결과에 따라 홀로 비난을 감내해야 할 때도 있다. 그럼에도 불구하고 자신의 선택과 결단이 타인에 의해 정형화되는 것을 염려하여, 무리(다수)의 의견에 동조하지 않고 스스로 시비를 가리고자 할 때 고독에 들어간다. 김현승 시인은 〈고독의 이유〉에서 "고독은 자유다 / 고독은 군중 속에 갇히지 않고 / 고독은 군중의 술을 마시지 않는다"라고 노래한다. 고독한 자는 멀고 험난한 길을 기꺼이 홀로 걸어간다.

'삶은 예술'이라는 말이 있다. '예술'이란 무엇인가? 각자가 자기의 창의성을 최고조로 뽑아 내는 것이다. 같은 곡도 수많은 연주자가 자신만의 색깔로 다르게 연주한다. 같은 대상을 봐도 화가에 따라 모두 다르게 표현한다. 삶도 그렇다. 자기 자신만의 시각과 느낌을 통해 자신만의 삶의 궤적을 만들어 내야 한다. 그때 우리 삶은 예술이 되는 것이다.

그런데 자유로운 상태에서 올바른 선택과 판단을 하기 위해서는 성심, 즉 기존의 이념 틀을 비워야 한다. 비우고 또 비워 '무(無)'에 이르러야 한다. '고독'은 강제로 주입된 대중적 가치로부터 자유로워지려는 행위라는 점에서 너무나도 당연한 일일 것이다. 그래서,

둘째, '고독'은 '비움'이다.

일상의 모든 문제를 궁극까지 파 내려가면 거기에는 '한계상황'이 놓여 있으니, 결국 고독은 '한계상황'을 마주한 인간의 처절한 사유에서 시작된다. 그러나 사유로 시작된다 해도 종국에는 사유를 넘어 침묵으로 들어가야 한다. 침묵으로 들어간다 해도 그것을 의식하는 것은 아니다. 의도하지 않고 자연스럽게 침묵으로 침전하면 '비움'이 시작된다. 그러면 이제 생각 없는 생각이 우리를 이끈다. 의도적으로 의식하지 않아도 사념이 저절로 진행되어 가는 것이다. 그때가 '고독'의 절정이다. '무'와의 대면, 본성과의 해후! 고독의 진면목

이 여기에 있다. 고독이란, 기존의 가치관, 이념, 분별지 등 모든 것을 비우고 '있는 그대로'의 벌거벗은 상태로 홀로 있는 것이다. 그것은 상당한 용기를 필요로 한다. 자신의 삶을 뒷받침해 왔던 모든 것들을 비우고 적나라한 자신과 마주해야 하기 때문이다. 홀로 태양을 마주한 인간의 절대 극한의 막막함, 이것이 고독의 얼굴이다. 그 막막함을 열어젖히고 본래의 자기로 나아가려는 용기와 집념, 이것이 고독의 당찬 발걸음이다.

내면 깊숙이 자리한 절대 고요의 적막, 그 심연을 건드릴 때 우리는 '고독'의 상태에 놓인다. 고독은 어쩌면 근원으로 돌아가고 싶은 인간의 충동일지도 모른다. 우주의 근원은 '무'이고 '빔'이며, 고독은 '무'와 '빔'을 품고 있기 때문이다. 근원은 '침묵'의 세계다. 침묵은 단지 말이 없는 상태를 의미하지 않는다. 물론 "말이 끝나는 곳에서 침묵이 시작되지만, 그렇다고 말이 끝났기 때문에 침묵이 시작되는 것은 아니다. 그때 비로소 분명해진다는 것뿐이다. 침묵은 하나의 독자적인 현상이다. 따라서 침묵은 말의 중단과 동일한 것이 아니며, 그것은 결코 말로부터 분해되어 나온 것이 아니다. 그것은 독립된 전체이며, 자기 자신으로 인하여 존립하는 것이다."[12] 말은 언제나 말 이면에 침묵을 깔고 있다. 말이 없어

12 막스 피카르트, 최승자 옮김,『침묵의 세계』, 까치, 2015, 17쪽.

도 침묵은 존재할 수 있지만, 침묵이 없다면 말은 존재할 수 없다. 말로 표출되는 언어가 작동하는 순간에도 침묵은 함께 한다. 이처럼 모든 존재하는 것들의 원형이자 생성의 근저인 침묵과 동화됨으로써 침묵이 가지는 무한성과 영원성을 내면화하여, 스스로 침묵 자체가 되고자 하는 욕구가 '고독'으로 나타나는 것이다.

우리 외부에서 무슨 일이 일어나면 표피적 마음은 호수의 수면처럼 거칠게 파도친다. 그러나 호수 깊은 곳은 언제나 고요하듯 우리 마음 내면의 깊은 곳은 늘 평화롭다. 요동치는 우리의 표피적 마음은 고요한 마음속 깊은 내면과 긴밀하게 연결되어 있다. 이를 깨달으면 외부적 상황에 대한 판단이 깊은 마음속 내면의 평화로부터 도출되고, 그러면 외부적 상황이 우리의 삶을 마음대로 조종할 수 없게 된다.

언어는 인간의 세계에 속하지만, 침묵은 세계의 근원과 연결되어 있다. 언어는 물론 인간에게 필요하지만, 그것이 근원 세계와 연계되어 표출되지 않으면 많은 폐단을 초래한다. 언어는 침묵에서 나오고 침묵에서 힘을 받아야 한다. 침묵 속에서도 사유는 지속된다. 단, 그것은 언어적 사유가 아니다. 전일적이고 통합적인 사유다. 그래서 '침묵'이라고 말할 수밖에 없다. 누차 말하지만 침묵은 '고독'의 뿌리이며, '비움'을 통해 근원으로 나아가는 길이다.[13]

셋째, 고독은 생명 에너지의 응축이다.

시계추가 왼쪽으로 움직일 때 다시 오른쪽으로 가기 위한 에너지를 비축하는 것처럼, 고독은 끝 모를 밑바닥으로 자신을 밀어 넣지만 용수철처럼 튀어 오를 힘을 비축한다. 고독은 안으로 휘감고 에너지를 고밀도로 응축해 간다. 쌓이고 쌓인 응축은 마침내는 폭발하고 만다. '빅뱅'은 기나긴 세월의 응축 끝에 현상하는 거대한 폭발이다. 빅뱅이 일어나기 전의 깊고 고요한 침묵, 그것이 '고독'이다. 응축된 에너지의 폭발은 깨달음으로 나타난다. 거기서 진리가 잉태된다. 그것이 '인류 지성사'의 족적이다.

이처럼 사유의 근원을 향해 끝없이 응축해 들어가는 고독은 추상화의 화법을 연상하게 한다. 미술의 역사에서 추상화가 등장한 것은 그리 오래되지 않았다. 추상화는 20세기 초에 등장하는데, 추상화가들은 사물을 보이는 대로 그리는 것

13 침묵과 언어의 관계는 동양에서 말하는 '무'와 '유'의 관계와 흡사하다. '무'는 '유'와 대립하는 것이 아니다. '무'는 '유'의 이면에 늘 존재하고 있는 근원적 바탕이다. 세계 전체가 '유'로만 가득 차 있다 할지라도 거기에 이미 '무'는 엄연히 존재한다. 모든 '유'를 다 제거하고 남는 공간이 '무'인가? 아니다. 그 공간 역시 '유'다. 그 공간마저 제거하면 남는 것, 그것은 시공을 넘어선 것이며, 한 점이면서 우주 전체이고, 한 순간이면서 동시에 영원이다. 그것이 바로 '무'다. 모든 존재는 그 '무'의 바탕 위에서 전개되고 변화, 생성한다. '무'가 근원 존재라는 것은 이런 이유에서다. 그 '무'의 세계는 언어적 사유로써는 도달할 수 없는 '언어도단'의 세계이다.

에 반대하고, 대상에 대한 내적인 느낌과 직관을 통해 본질을 표현하고자 했다. 사물을 보이는 그대로 정확하게 그려내는 것은 그 외형만을 그린 것이지 그것의 진면목(본질)을 표현해 낸 것은 아니라고 생각했고, 모름지기 예술이라면 본질을 표현해 내야 한다고 생각했기 때문이다. 그래서 그들은 표현하고자 하는 대상에서 본질 인식에 방해되는 요소(곁가지)들을 과감히 생략하기 시작했다. 예를 들어 초기 추상화의 대표 주자인 몬드리안(Piet Mondrian, 1872-1944)[14]이나 칸딘스키(Wassily Kandinsky, 1866-1944)[15]는 점, 선, 면과 색채, 그리고 질감을 통해 대상에 대한 느낌을 표현하고자 하였다. 그들은 디테일을 생략할수록 형체에 구애받지 않고 그 사물의 본질을 직관할 수 있다고 여겼다. 카지미르 말레비치(Kazimir Malevich, 1878-1935)[16]의 〈검은 사각형〉이란 작품이 있다. 흰

14 몬드리안은 추상화의 초기 화가에 속하는 네덜란드 구성주의 회화의 거장으로, 빈센트 반 고흐와 야수파에서 많은 영향을 받았다. 대표작으로, 〈빨강, 파랑, 노랑의 구성(Composition with Red, Yellow and Blue)〉(1928), 〈파랑과 빨강의 구성(Composition No. 2 in Blue and Red)〉(1929) 등이 있다.

15 칸딘스키는 러시아의 화가, 판화제작자, 예술이론가이다. 피카소, 마티스와 비교되며 20세기의 중요한 예술가 중 한 명으로 평가되는 그는 초기 추상미술의 주요 인물 중 한 명이며, 최초의 현대 추상작품을 그린 작가로 평가받는다.

16 카지미르 말레비치는 러시아의 순수 추상화가이자 추상미술 이론가로 키예프에서 태어났다. 초기 경향은 인상파 및 포비슴에서 출발하였으나, 1912년 파리로 나와 큐비즘을 접하면서 결정적인 영향을 받게 된다. 가장 극단적인 형태의 추상화를 그린 화가 중 한 사람으로 평가받는 그는 도형이나 선만으로

배경에 커다란 검은 사각형 하나만이 그려져 있을 뿐이다. 그 이유를 그는 다음과 같이 말한다. "황당한 이 그림 앞에서 무언가 의미를 찾으려고 혼란스러워하는 동안 내면 깊은 곳의 무의식이 활성화된다. 그러면 단순한 사각형이 우주와 그 내부의 온갖 생명을 나타내고 있음을 지각하게 될 것"이라고. 이렇게 볼 때 추상화가들의 화법은 고독의 과정과 매우 흡사함을 알 수 있다. 고독 역시 한 점으로 응축되기 위하여 사유의 곁가지를 쳐 내는 작업이다. 덜어 낸다는 것은 비워 내는 것이며, 비우고 또 비워 극한까지 단순화시키는 것이다. 이때 생명 에너지는 그 농도를 극대화해 간다. 이것이 바로 '고독'의 과정이다.

그런데 우리는 왜 고독에 빠지는 것일까? 두렵고 힘들지만, 그럼에도 불구하고 자진해서 기꺼이 고독에 나아가는 사람들이 있다. 도대체 고독에 어떤 매력이 있기에 두려움을 감수하면서도 고독을 찾는 것일까?

이를 알기 위해서는 마음의 구조를 먼저 살펴볼 필요가 있다.

작품을 구성하는 기하학적 추상의 선구자로 절대주의를 창시했다. 모스크바에서 열린 전시회에서 자신이 추구한 절대주의를 처음으로 구현한 〈검은 사각형〉을 선보였다.

3

마음의 구조

마음의 균형이란
표층의식과 심층의식이
각기 자기 영역에서 활동하는 것이며,

'불행[苦]'이란
이 균형이 깨졌을 때 일어나는 현상이다.

하루가 다르게 발전하고 있는 과학의 성과에 힘입어 뇌과학이나 신경과학도 놀라운 발전을 이루었다. 그 결과 뇌와 의식 사이의 연관성이 속속 밝혀지고 있다. 예를 들어, 이성을 담당하는 것은 '전전두피질'이고, 즉각적 반응인 감정은 '편도체'가 담당하고 있으며, 면역계는 기억을 관장한다는 것 등이다. 그러나 여기서 말하는 '의식'은 엄밀히 말해 '의식' 자체가 아니라, 의식이 뇌나 신경계를 통해 어떤 방식으로 작동하는가, 그리고 언어라는 매개체를 거쳐 어떻게 현상하는가 하는 의식과 뇌 그리고 언어적 사고의 관계를 말해 주고 있을 뿐이다. 그것은 어디까지나 '의식 현상'이지 '의식' 자체는 아니다. 생명과학이 말해 주는 것이 실은 '생명' 자체가 아니고 '생명체'에서 나타나는 '생명 현상'에 불과한 것과 마찬가지다. 개인적 생각이지만, 과학적 방법은 '의식'이나 '생명' 자체에 대해서는 함구할 수밖에 없는 한계를 갖고 있다. 과학의 대상은 물리적으로 측정하고 검증할 수 있는 것들에 국한되기 때문이다.

그렇다면 뇌의 개입 없이도 현상하는 '의식' 자체는 있는 것일까?[1] 매우 어려운 문제다. 다만, 먼 옛날부터 '의식' 자

1 이것은 뇌가 없어도 '의식'이 있다는 것은 아니다. 언어적 사고 작용이 개입하기 전에 의식 자체로부터 발현하는 의식 현상이 있음을 말할 뿐이다. 물론 그 뒤에 뇌나 언어적 사유와 어떤 관계를 맺을 수는 있으나, 적어도 그 발동이 언어와 관계없는 곳에서 시작되는 의식이 있다는 말이다.

체를 깨달았다고 하는 많은 사람이 있었고, 그들의 전승이 지금도 전해지고 있다. 서양의 일부 종교 수도자와 영적 지도자, 그리고 초월주의 수련가와 동양 전통의 많은 사상가가 그들이다. 물론 그들은 과학적 방법을 사용하여 '의식' 자체를 깨닫지는 않았다. 각자 방법이 조금씩 다르기는 해도, 직접 내면 깊은 곳으로 침잠하는 방식을 통해 '의식' 자체와 만났고, 그것을 자신의 일상적 의식으로 끌어올렸다. 그들은 그들이 만난 내면 깊은 곳의 세계가 참된 세계이며, 현실 세계는 우리의 언어적 사고에 의해 왜곡된 세계라고 한다. 그리고 참된 세계는, 언어로는 도달할 수 없는 이른바 '언어도단(言語道斷)'의 영역임을 주장한다.

그들에 의하면 우리 내면 깊은 곳에 존재하는 '의식' 자체는 언어적 매개 없이도 자발(自發)하는 존재, 즉 스스로 자신을 발현하고 있는 존재다. 다만, 우리의 일상적 의식인 에고에 막혀 현실 속으로 드러나지 못하고 있을 뿐이다. 마치 짙게 드리운 먹구름 속에서도 태양은 끊임없이 빛을 발하고 있지만 세상에 드러나지 못하고 있는 것과 같다. 구름이 걷히면 자연히 빛이 드러나듯, 우리의 일상적 의식이 숨을 죽이면 자연히 '의식 자체'가 부상한다.

의식의 종류를 나누는 것은 매우 복잡한 문제지만, 인식 방법을 기준으로 보면 대략 둘로 나눌 수 있다. '표층의식'과

'심층의식'이 그것이다. 표층의식은 차이와 분별을 바탕으로 진행되는 의식이다. 이른바 동일률, 배중률, 모순율의 사유 논리에 따라 인식하는 의식으로, 언어적 사고가 그 바탕을 이룬다. 우리의 일상적 의식은 대부분 여기에 속한다. 이에 반해 '심층의식'은 언어적 사고의 개입 이전에 작동하는 의식으로, 일체 존재가 근원적으로는 하나로 연결되어 있음을 인식한다. 표층의식의 과도한 활성화에 막혀 우리의 의식 현상으로 부상하지 못하고 잠재되어 있지만, 표층의식의 깊은 이면에서 언어적 매개 없이 의식 자체로부터 직접 현상하고 있다.

양자에 대하여 좀 더 상세히 알아보기로 한다.

(1) 표층의식(거짓 나, 에고)

마음의 층차 표층에는, 자의적이고 분별적(이분법적)이며, 과거-현재-미래의 시간 계열 속에서 활동하는 마음이 있다. 이것은 '에고'라고 하는 거짓 자아, 즉 '가아(假我)'의 마음이다. 돈 미겔 루이스(Don Miguel Ruiz, 1952-)[2]는 *The Voice of Knowledge*에서 다음과 같이 말한다. "우리 머릿속의 목소리는 우리 것이 아니다. 세상에 태어날 때 우리는 이 목소리를 갖고 태어나지 않았다. 우리가 언어를, 그리고 다양한 관점을, 다양한 비판과 거짓을 배우기 시작하면서 '사고'도 시작되었다. 머릿속 목소리는 우리가 지식을 쌓으면서부터 들려오게 된 것이다." 여기서 말하는 '머릿속 목소리'가 바로 표층의식인 '에고'를 말한다.

우리가 흔히 '생각'한다고 할 때 주로 이 에고의 활동을 일컫는 것이다. 에고는 언어적 사고로 이루어지고, 언어적 사고는 대상을 분리하고 비교·판단하는 마음이기 때문에, 필연적으로 끝없는 욕망을 추구하게 마련이다. 따라서 항상 불만족이 자리하고 있으며, 그것을 채워 줄 무언가를 끊임없이 찾아다닌다. 그리고는 주로 외적 대상에서 그 욕구를 채우려 하는데, 예를 들면, 권력, 명예, 지위, 지식, 외모 등을 들 수 있다. 그러나 외적 대상의 성취는 그 특성상 늘 부족함을 느끼게 마련이다. 따라서 에고는 불안하고 상처받기 쉬우며 불평불만을 달고 살아간다.

에고가 만들어 내는 긍정적인 감정들도 있지 않느냐고 말

2 돈 미겔 루이스는 어느 날 교통사고를 겪으며 영혼이 육체를 벗어나는 경험을 하는데 이것을 계기로 자신이 누군지 탐구하게 되었고, 오랜 수련의 결과 뛰어난 영적 능력을 인정받아 세계적 스승으로 추앙받고 있나. 주요 저서로는 *The Mastery of Love*(『사랑하라, 두려움 없이』, 김이숙 옮김, 더북컴퍼니, 2005), *The Voice of Knowledge*(『내가 말을 배우기 전 세상은 아름다웠다』, 이진 옮김, 더북컴퍼니, 2004) 등이 있다.

할지 모르나, 그것들은 언제라도 그 반대의 것으로 바뀔 가능성이 있는 불완전한 것이다. 예를 들어, 우리가 보통 말하는 '사랑'은 조건적이다. 우리는 어떤 사람의 지성, 외모, 재능, 성격 등으로 그 사람을 사랑한다. 즉 우리의 기대에 맞아 우리의 욕구를 만족시켜 주고 우리의 삶을 보다 충족시켜 줄 수 있는 사람을 사랑한다. 그러나 그런 사랑은 덧없다. 막상 사랑하게 되면 헤어질 것을 염려하거나 상대의 마음이 변할까 늘 전전긍긍한다. 사랑이 클수록 이런 현상도 강화된다. 더구나 에고가 '사랑'이라고 부르는 것은 소유욕과 연계된 집착을 품고 있어서 한순간에 미움으로 변할 수도 있다. 우리가 통상 '행복'이라고 느끼는 감정은 이처럼 미풍에도 쉽게 뒤집히고 마는 허약한 것들이다. 그 안에 욕망과 집착, 그리고 이에 따른 '불안'이 꿈틀댄다. 여기서는 지속적인 행복을 얻을 수 없다.

물론 에고도 인간이 살아가는 데 필요하다. 헤아리고 비교하며 분석하고 판단하는 에고는 우리의 생존을 유지하는 데 없어서는 안 될 중요한 수단이기 때문이다. 에고가 행복을 가로막는 것은 사실이지만, 그렇다고 에고가 없으면 행복 또한 누릴 수가 없다. 다만 인간이 언제부턴가 이 에고를 너무 즐기게 되었고, 필요한 것을 이것에 의존해서 구하게 되면서 에고가 절대적 힘을 휘두르게 되었다. 사실 세상이 에고의 체계 안에서 돌아가고 있다고 해도 과언이 아니다. 현실적 삶을 영위하기 위해 필요한 부분에서만 방편적으로 사용해야 함에도, 우리는 삶의 전 영역에 에고를 사용하고 있는 것이다. 이제 우리는 이타적 마음, 영적 마음이 있다는 것은 깨끗이 잊어버리고, 오로지 에고에서 오는 쾌락과 고통에 일희일비하면서 살고 있다.

그런데 에고의 부작용을 알아도 그것을 고치기가 어렵다. 고치려는 그 마음 역시 에고이기 때문이다. 다행히 마음의 심층에는 또 다른 마음, '심층의식'이라 불리는 것이 있다. 에고를 적절히 통제하여 올바로 사용하기 위해서는 바로 이 심층의식을 활성화해야 한다.

(2) 심층의식(본래적 나)

마음의 또 다른 층차, 즉 심층에는 언어적 사고의 매개 없이 직접 의식 자체에서 발현하는 의식이 있다. 타인을 배려하고 공감하며 사랑하는, 나아가 천지자연과 내가 본래 하나임을 인식할 수 있는 마음이 바로 그것이다. '물아일체(物我一體)'의 마음, '자타불이(自他不二)'의 마음, 즉 신과 인간, 인간과 동물, 삶과 죽음을 연결된 하나로 보고, 심지어는 과거-현재-미래로 이어지는 시간 계열조차 없는 비이분법적·통합적 사고를 하는 마음이다. 이 마음은 언어적 사고를 거치지 않고 발현하는데, 위에서 말한 표층의식과 구분하여 이것을 '심층의식'이라 일컫는다.

표층의식 너머의 심층의식으로 들어가면 일체가 하나이며 세상의 모든 존재는 서로 연결되어 공명(共鳴)하고 있음을 알 수 있다. 우리의 지식(에고)으로는 이 울림에 다가설 수 없다. 오직 심층의식만의 접근이 허락된다. 심층의식은 '의식'이라고 하지만 언어로 사유하는 방식의 '의식'은 아니다. 그것은 '무' 자체가 스스로 진행하는 '의식'이다. 따라서 심층의식에 들어가기 위해서는 사려 작용을 비롯한 인식 작용을 멈추고 마음을 비워야 한다.

이러한 마음을 불교에서는 '진여(眞如)', '불성(佛性)' 등으로 칭한다. 노자와 장자가 말하는 '무위(無爲)'도 이것을 말한다. 노자는 『도덕경』 첫머리에서 "언어적 사고에 의해서는 참된 도의 세계나 존재의 본질에 닿을 수 없음"을 말하면서,[3] 참된 세계는 '유무상생(有無相生: 유와 무가 하나로 이어진 세상)'의 세계임을 천명한다. 그리고 '인위(언어에 기반한 분별적 사고)'를 떨치고 '무위'에 들어서야만 참된 세계로 들어갈 수 있

3 "말로 표현된 도는 진정한 도가 아니며, 말로 표현된 이름은 진정한 이름이 아니다(道可道, 非常道. 名可名, 非常名)."(『도덕경』 제1장)

음을 주장하는데, 이것이 바로 심층의식을 말한 것이다.

우리들의 먼 조상들에게는 이 마음이 현실 속에서 왕성하게 활동하고 있었다. 삶과 죽음이 극명하게 나뉘지 않았고 시간 역시 불가역적으로 고정된 어떤 것이 아니었다. 그들에게는 이분법에 의해 움직이는 '마음'과, 비이분법 즉 통합적 사고에 의해 작동하는 '마음'이 함께 활동하고 있었다. 서로 다른 체계의 두 사고가 매끄럽게 접속되어 있어, 사람들의 '마음'은 자유롭게 어느 영역에나 출입이 가능했던 것이다. 그러나 점차 이분법적 사고가 전면에 나서면서 마음의 우위를 점하게 된다. 이와 동시에 통합적 사고는 현실적 힘을 잃고 마음의 지층으로 가라앉아 '심층의식'을 형성하게 되었다. 이제 이러한 통합적 사고는 우리의 마음에서 잘 드러나지 않는다. 우리가 별로 사용하고 있지 않기 때문이다. 우리는 오히려 에고를 예리하게 벼리는 데만 심혈을 기울이고 있다. 현대문명에서는 이것이 힘과 권력, 이득을 얻게 해 주는 것이며, 우리가 원하는 것이 바로 힘과 권력 그리고 이득이기 때문이다.

우리 마음의 좁은 틀, 그것도 왜곡된 틀에서 벗어나, 이제 새로운 의식의 문을 열어야 한다. 신체도 각 부분이 균형을 이루어야 건강하듯, 마음도 균형이 중요하다. 마음의 균형이란 표층의식과 심층의식이 각기 자기 영역에서 활동하는 것이며, '불행[苦]'이란 이 균형이 깨졌을 때 일어나는 현상이다. 에고는 철저히 심층의식에 대한 자각 위에서 활동해야 한다. 그래야만 지나친 탐욕이나 집착으로 흐르지 않을 수 있다.

이상, 우리 마음의 구조와 작동에 대하여 알아보았다. 그런데 마음을 올바로 사용하는 것은 머리로 이해한다고 되는 것이 아니다. 마음의 습관을 바꾸기 위한 끈질긴 실천 노력에 의해서만 가능하다. 인식 틀 자체의 대전환이 필요한 것이다. 그것은 언어적 사고를 멈추고 깊은 고요의 세계로 들어가야 하는데, 그 시작은 '고독'에 침잠하는 것이다. 고독은 에고가 사고의 주류적 위치를 점하게 되면서 심층으로 숨어들었던 통합적 사고를 끄집어내는 첫걸음이다. 고독을 통해 에고가 숨을 죽이고 틈을 만들어 내면, 그 틈 사이로 심층의식이 고개를 든다. 아니 '틈' 자체가, '침묵 자체'가 바로 '심층의식'이다.

4

왜 고독인가?

고독과 친숙해지거나
고독과 벗하는 법을 알게 된 사람은
금광을 가진 것이나 다름없다.

— 쇼펜하우어

(1) 한계상황의 극복

외로움과 전혀 다른 '고독'의 의미에 천착한 것은 실존주의자들이었다. 이는 그들 철학의 자연스러운 귀결이기도 했다. 실존주의 이전의 철학, 특히 데카르트(René Descartes, 1596-1650) 이후의 근대철학은 인간에게는 이미 주어진 본질이 있고 인간의 의식 작용을 반성적으로 고찰하면 존재의 실상(본질)을 알아낼 수 있다고 생각했다. 그리고 인간에게는 그것을 알아낼 수 있는 능력으로서의 '이성'이 있었다. 이성의 빛을 가리지 않는 한 인간 자신과 사물의 본질 파악은 시간 문제에 지나지 않았다. 그러나 실존주의자들에 의하면, 인간은 여타 존재들과 달리 매 순간 자신의 선택과 결단에 의해 스스로 삶을 만들어 가는 존재다. 애초부터 인간이 걸어야 할 길(본질)이 삶에 앞서 미리 정해져 있는 것이 아니다. 길은 언제나 삶의 뒤에 따라온다. 사람들이 찾으려는 '보편적이고 미리 규정된' 길은 허상이다. "실존은 본질에 앞선다"는 사르트르(Jean Paul Sartre, 1905-1980)의 말은 바로 이것을 가리킨다. 인간 존재는, 미리 규정된 어떤 본질을 갖고 태어나 그 본질을 구현하기 위한 삶을 살아야 하는 것이 아니라, 타자와의 관계 속에서 자유로운 자신의 선택과 행동에 따라 스스로 삶의 의미를 만들어 가는 존재, 즉 스스로 자기의 본질을 구축해 가는 존재인 것이다. 이런 존재 양식을 그들은 '실존(existence, existenz)'이라고 불렀다. 그들에 의하면 '실존'만이 인간의 본모습이고, 거기에서 시작해야만 삶의 간절한 문제들을 풀어내고 구체적 개개인을 구원할 수 있다. '인간'이라는 보편개념(본질)은 혹 지적 유희에는 도움이 될지 몰라도, 피와 살과 감정을 갖고 매 순간 선택과 결단을 내리며 살아가는 '실존'의 삶과 구원에는 조금도 도움이 되지 못한다는 것이다.

실존주의 철학자 하이데거(Martin Heidegger, 1889-1976)는 인간 존재를 '피투성(被投性, Geworfenheit)'이라는 말로 규정하였다. 말 그대로 번역하자면, 인간은 이 세상에 '내던져진 존재'라는 뜻이다. 우리는 자신의 선택이나 의지와 무관하게 정해진 세상에 태어났고, 또 자신의 바람과는 무관하게 죽을 수밖에 없는 존재임을 표명한 말이다. 인간에게는 분명 아무리 발버둥 쳐도 넘어설 수 없는 한계가 있다. 이것을 '한계상황'이라고 한다. 거대 담론만이 아니다. 일상도 맨 지뢰밭이다. 사랑, 이별, 그리움, 과시욕, 재물욕, 권력욕 등등. 그러나 이러한 일상의 수많은 고민거리도 깊이 들어가면 '한계상황'에 맞닿아 있다. 여기서 여타 생명체들에서는 볼 수 없는 '(원초적) 불안'이라는 인간 특유의 현상이 나타난다. 일반적으로 말하는 '불안'은 불확실한 결과에 대한 염려로 안절

부절못하는 상태를 가리킨다. 정신분석학에 의하면, 이러한 불안은 '신경상의 혼란 상태(신경계의 이상, 자율신경계의 병리적 현상 등)'에서 기인하는 것으로 강박 행동이나 공황 발작을 동반하기도 한다. 그러나 여기서 말하는 '인간 특유의 현상'으로서의 '불안'은 이와 전혀 다르다. 삶과 죽음, 육체와 영혼, 시간(유한성)과 영원(무한성)이라는 균열을 안고, 매 순간 선택과 결단의 기로에 서 있는 인간 존재의 양상을 나타내는 용어인 것이다. "인간은 생각하는 갈대"라는 말이 있다. 바람이 불면 이쪽저쪽으로 기운다. 그럴 때마다 '생각'하는 갈대는 선택과 결단 앞에 선다. 어떻게 살아야 하는지, 어디로 가는 것이 옳은 길인지, 바람에 흔들리지 않으려면 어떻게 해야 하는지! 끊임없이 어떤 가능성을 선택하고 실현하려 애쓰는 동시에 다른 가능성을 포기해야 하는 모순, 이것이 실존에게 닥쳐 오는 숙명적 불안의 근원이다.

이처럼 실존주의자들은 이성주의·합리주의를 비판하고 '불안'이라는 감정을 인간 존재를 이해하는 열쇠로 보았다. 이성을 중시하면 '고독'이라는 기제는 그다지 필요하지 않고 강조되지도 않을 것이다. 그들에게는 이성을 통해 자명한 원리를 찾아내고, 이를 바탕으로 예리한 논리적 추론에 의해 진리(지식)를 찾아내는 것이 무엇보다 중요할 것이기 때문이다. 이에 반해 매 순간 선택과 결단을 내려야 하는 불안한

'실존'에게 있어, 불안을 극복하는 길은 이성적 사고를 키우는 것이 아니라 오히려 비우는 데에서 이루어진다. 그 방법으로 '고독'이 제시되는 것이다. 삶이 극한에 이르렀을 때, 깎아지른 절벽 끝에서 한발 물러나 세상을 다시 살아갈 수 있게 해 주는 것, 그것은 고독의 힘이다. 고독 속에서 쌓아온 무언가가 그렇게 해 준다. 왜 그럴까?

여기서 '불안'을 대하는 몇 가지 유형에 대하여 알아보기로 하자.

불안한 인간 존재의 허무함을 느끼고, 자신만의 세계에 집착하여 자기 고립으로 빠져드는 유형이 있다. 이들은 삶의 절망에 사로잡혀 일세의 관계를 끊어버리거나 심지어는 죽음과 손을 잡기도 한다. 이것은 홀로 칩거하므로 마치 '고독'처럼 보이긴 하지만, 참된 고독이 아니므로 '거짓 고독'이라 부른다.

혹은 '불안'에 직면하여, 그 불안으로부터 '자기'를 흔들리지 않게 지탱해 줄 지지대를 찾아 밖을 헤매는 유형이 있다. 그들은 재물, 권력, 신, 국가, 이념, 타인 등에 닻을 내리고 거기에 집착하고 매달린다. 이렇게 되면 '자신의 눈'을 잃고, 타자의 눈으로 세상을 보고 선택·판단하게 된다. 자기의 선택 자유권을 포기함으로써 행동에 대한 책임감으로부터 도피하려는 것이다. 이를 사르트르는 "자유로부터의 도피"라고 하였다. 그러나 남의 시선에 자신을 맞추고 남의 가치관으로 세상을 보게 되면서 '나'를 잃고 오히려 불안이 가중된다. 더구나 거기서는 만족이라는 것을 찾을 수 없으니, 결국 점점 더 강력한 지지대를 찾아 끝없이 방황하게 된다. 인간 대부분이 살아가는 방식으로, 이러한 유형 역시 구원의 방법이 될 수 없음은 물론이다.

"인간이 고독한 것은 운명의 불확실성에 대한 인식과 스스로 자기 운명의 절대적인 주인이 될 수 없다는 자각 때문이다."라는 루쉰(魯迅, 1881-1936)[1]의 말처럼, 인간의 능력으로 풀 수 없는 부조리와 비합리성을 자각하고 인간의 한계를 인정할 때, 그것과 대면할 용기를 갖게 된다. 그리고 이것은 뜻하지 않게 '본래적 나'를 찾아 떠나는 '고독'의 여정이 된다. 그러고 보면 '불안'은 역설적이게도 우리가 자기 자신을 찾아가게 하는 이정표라 할 수 있다. 야스퍼스(Karl Jaspers, 1883-1969)가 '좌절'을, 그리고 키르케고르(Søren Kierkegaard, 1813-1855)가 '불안'을 존재의 참모습을 풀 수 있는 암호라고 보는 것은 바로 이 때문이다.

일찍이 '불안'을 인간 존재의 중요한 특징으로 보았던 아

1 루쉰(魯迅)은 1881년 절강성(浙江省) 소흥현(紹興縣)에서 태어났다. 본명은 저우수런(周樹人)으로, 근현대 중국 문학을 대표하는 가장 중요한 인물이자 근현대 중문학의 아버지로 평가받는다. 대표작으로 『광인일기』, 『아Q정전』 등이 있다.

우구스티누스(St. Augustine, 354-430)는 그것을 극복하기 위한 방법으로 '케노시스(kenosis)'를 제시하는데, 이것은 '자기 비움', 또는 '자기 낮춤', '내맡김'의 의미를 지닌다. '고독'은 바로 이 비움과 내맡김의 여정이다. '비움'이란, 불안을 회피하지 않고 대면하여 관습처럼 굳어진 기존의 가치관을 비워내고 나를 무화(無化)시키는 것을 말한다. 이는 에고라는 외적 소음(앞서 말했던 '머릿속 목소리')을 끊고 깊은 '침묵' 속으로 침잠하는 데서 이루어지는데, 이때 자취를 감춘 에고를 대신하여 심층의식이 부상한다. '고독'은 에고를 비우고 심층의식을 활성화하는 일이다. 앞서 말했듯이 심층의식은 '머릿속 목소리'가 아니라, 마음 깊은 곳에서 울리는 진정한 자아의 목소리다. 우리의 마음이 외부에만 쏠려 있으면 심층의식에 귀를 기울일 여유가 없다. 마음의 평정을 위해서는 내면의 고요에 귀를 기울일 필요가 있는데, 바로 '고독'이 그 일을 한다. 이 세상의 시·공간 좌표에는 찍히지 않는 내면 깊은 곳에 '고독'은 고독하게 존재하지만, 고독이 한껏 깊어져 충일해지면 '불안'마저도 삶의 풍요로 변화시키며 세상 밖으로 넘쳐흐른다. 흘러넘친 고독은 존재의 단절을 뛰어넘어 '물아일체'의 세계를 활짝 연다.

고독에서 길어 올린 심층의식의 눈으로 보면 '한계상황'이 에고의 단견(短見)이었음을 알게 된다. 눈에 보이는 분리된 존재들의 형상 이면에서 모든 존재는 하나로 이어져 공명하고 있기 때문이다. '나'와 '너'가 하나로 이어지고, 삼라만상이 모두 그물처럼 연계된 세상에서 유한성이나 죽음이 무슨 문제가 되겠는가! 현실적 삶에서 오는 부조리, 불안, 탐욕의 문제를 자기 자신의 문제로 절실하게 체화하고, 그것을 어떻게 극복할 수 있는가에 대해 깊이 사념하게 되면 '고독'으로 나아가고, 이때 비로소 '한계상황'이 극복되는 것이다. 사실 우리가 '불안'이라 여기는 것은, 분별적 지식(에고)의 장막에 가려 본질을 왜곡한 데서 생겨난 오해다. '불안'을 대면하여 깊은 심층으로 침전하면 분별적 지식이 사라지고 심층의식인 '자타불이'의 마음이 활동하기 때문에, 우리가 '불안'이라 여겼던 것이 실은 허상에 지나지 않았음을 알게 된다. 고독을 견뎌냈을 때 우리는 본래의 자기 자신과 조우하게 되며, 진정한 의미에서 자유로울 수 있다. 고독은 '자유'로 들어가는 성스러운 입구인 것이다. 그래서 쇼펜하우어(Arthur Schopenhauer, 1788-1860)는 "고독과 친숙해지거나 고독과 벗하는 법을 알게 된 사람은 금광을 가진 것이나 다름없다"(『삶의 예지』)라고 한다.

(2) 고독의 효용

고독은 비실용적이라고 말하는 자들이 있다. 물론 '비실용적'이다. 다만, 그것은 세속의 잣대로 잴 때만 그렇다. 이른바 '힘'을 가져다주는 것을 최상의 가치로 볼 때만 고독은 극히 비실용적이다. 그러나 실은 이 비실용적이라고 불리는 것이 진정한 효용을 가지는 경우가 많다. 일찍이 장자는 '무용지용(無用之用)'을 강조했다. '무용'한 것이 실은 효용이 있다는 것이다. 『장자』「소요유(逍遙遊)」편에는 다음과 같은 장자와 혜자의 대화가 보인다.

> 혜자가 말하길, "내게 오래된 커다란 나무가 있는데, 줄기는 울퉁불퉁하여 먹줄을 칠 수가 없고, 가지는 비비 꼬여 자로 쓸 수가 없소. 이처럼 쓸모가 없기 때문에 그 나무는 눈에 잘 띄는 길가에 있지만 어떤 목수도 거들떠보지를 않는다오. 선생(장자)의 말은 이 나무처럼 쓸데없이 크기만 하고 쓸모는 전혀 없는 것 같소이다."

은근히 장자가 하는 말의 광대하고 허망함을 비꼰 것이다. 이를 들은 장자는 말한다.

"큰 나무가 쓸데없어 걱정이신 것 같은데, 왜 드넓은 들판에 심어 두고 그 그늘에서 한가로이 쉬면서 유유자적 즐기려고 하지는 않는 거요?"

우리는 남보다 앞서거나 많은 힘을 갖게 해 주는 것이 효용이 있다고 하지만, 그것은 오히려 자신의 삶을 해치는 경우가 허다하다. 우리는 드넓은 하늘을 대롱 구멍으로 들여다보며 그것이 하늘의 전부라고 생각하는 좁은 '생각의 감옥'에 갇혀 사는 것이다. 삶의 질이라는 면에서 보면, 비효용적이라 여겼던 것이 실은 효용적임을 알게 된다. 장자가 말하고자 한 것이 바로 이것이다. 번듯하게 자라면 남의 손에 잘려 이른바 '비싼' 재목으로 팔리지만, 그것은 에고의 견지에서 볼 때만 효용적이다. 실은 자신의 수명(受命: 역량)을 다하고, 드넓은 그늘로 많은 사람을 품는 안식처가 되는 것이야말로 진정한 나무의 효용이다. 이런 효용은 에고의 눈으로는 보이지 않는다. '고독'을 통해야 얻어진다. 머릿속 목소리를 비우고 심연의 목소리를 들어야 하기 때문이다.

물론 '고독'은 힘든 길이다. 그러나 이겨 내야만 참된 '나'를 회복할 수 있다. 애벌레가 나비가 되기 위해서는 어두운 고치 속에서 길고 긴 홀로의 시간을 견뎌 내고, 자신의 힘으로 누에고치를 찢고 나와야 한다. 그래야만 세상의 꽃들에게

희망을 줄 수 있는 힘찬 날갯짓을 할 수 있다. '고독'은 외롭고 쓸쓸함이 아닌 독립된 성장의 시간이다. 고치를 찢고 변혁을 이루어 내기 위한 인내의 시간인 것이다. 위대한 예술가의 창조는 무심(無心)한 때 고요한 내면으로부터 솟구쳐 나온다. 위대한 과학자는 사유가 멈춘 순간의 고요한 상태에서 창조적 발견의 문을 연다. 고대의 현자들은 '지금 이 순간'의 고요함이 영적 차원으로 들어가는 길임을 간파했다. 섬광처럼 번뜩이는 영감, 저 깊은 근원에서 오는 초인(超人)적 지혜, 신(神)과의 조우는 모두 고요한 순간에서 나온다. 고요하기 위해서는 일상적 소음을 비우고 내적 심연의 심층의식을 불러내야 한다. 그러면 생각 없는 생각, 저절로 진행되는 사념이 에고를 대신하여 우리를 이끌어 간다. 그래서 '고독'을 찾는 것이다.

이제부터는 치열하게 고독한 삶을 살아간 대표적 인물들을 살펴보면서 '고독'의 의미를 되새겨 보기로 한다.

II

고독에 서다

1

고독을 사색하다 — 니체

형제여,
너의 사랑 그리고 창조와 더불어
고독 속으로 물러서라.

나는
자기 자신을 뛰어넘어 창조하려 하며
그 때문에 파멸의 길을 걷는 자를
사랑한다.

— 니체

'고독'한 삶을 살았을 뿐 아니라 '고독' 자체를 사색한 자들이 있다. 앞서 말한 실존주의자가 그들이다. 서구에서 '고독'이 본격적으로 철학의 주제로 등장한 것은 삶의 현실에 누구보다 예민했던 이들에 의해서였다. 이들에 의해 도도한 '고독'의 강물이 서구의 메마른 대지를 옥토로 바꾸어 놓았다. 실존주의를 대표하는 사상가 프리드리히 니체(Friedrich Nietzsche, 1844-1900)의 '고독'을 알아보자.

니체의 사상을 그의 '외줄 타는 광대'를 빌려 말해 보면 다음과 같다. 이것은 그가 즐겨 비유했던 '광대'라는 모티브를 빌려 그의 사상을 알기 쉽게 재구성한 것으로, 니체가 실제로 이렇게 말했던 것은 아니다.

한 광대가 시장터 높고 긴 양쪽 기둥 사이에 걸쳐 놓은 외줄을 타고 있다. 양팔을 벌려 균형을 잡으며 조심스레 한 발씩 나아간다. 아차 하면 바닥으로 곤두박질치고 만다. 광대는 긴장하면 더 위험하다는 것을 아는 베테랑이다. 되도록 긴장을 떨치려고 하지만 그래도 인간인지라 이마는 땀으로 흥건하다. 그런데 한 발 한 발 나아가던 광대는 깜짝 놀란다. 앞에 한 광대가 외줄 위에 앉아 있던 것이다. "앗! 위험하다. 저 사람은 어쩌자고 저기 앉아 있는 것인가?" 그 광대는 외줄이 무섭고 불안하여 그 자리에 주저앉아 있는 듯 보였다. 저 아래 시장에 모여든 무리의 말과 몸짓에 최대한 집중하여 주의를 기울이면서 불안에 대한 해결책을 찾고 있었기 때문이다. 둘이 겹치면 극히 위험하다는 것을 직감한 광대는 잠시 깊은 사념에 잠긴다. 그와 함께 겹치지 않으려면 그를 뛰어넘는 수밖에 없다. 그러나 그것은 외줄 위에서 극히 위험한 일이다. 그렇다고 되돌아가거나 마냥 거기 서 있을 수도 없다. 그것은 더욱 위험한 일이다. 어느 쪽이든 빨리 선택과 결단을 해야만 한다. 우물쭈물할 때가 아니다. 앉은 자의 존재가 점점 자신을 구속하며 옥죄어 왔기 때문이다. 잠시 깊은 고독에 잠겼던 그는 결단을 내린다. "일단 뛰어넘자. 죽을지도 모른다. 그렇다고 같이 앉아 있을 수는 없지 않은가!" 한번 결단한 그는 바로 행동에 옮긴다. 호흡을 가다듬고 신중하게 도약할 몸과 마음의 준비를 한다. 그리고는 목숨을 운명에 맡긴 채 힘껏 뛰어올랐다. 다행히 앉아 있는 광대를 뛰어넘어 앞쪽으로 무사히 안착했다. 온몸이 식은땀으로 축축했지만 일단 위험한 순간은 무사히 이겨 냈다. 그렇다고 안심할 때는 아니다. 다시 숨을 가다듬고 한 발 한 발 앉아 있는 광대로부터 멀찍이 나아갔다. 앉아 있는 또 다른 광대를 만날지 모른다는 생각을 하면서.

'앉아 있던 광대'는 실존의 불안과 기존의 가치관에 속박당해 자신을 은폐(고립)하거나, 아니면 거기에 만족하여 안주하고 있는 대다수 인간, '군중'을 말한다. 서서 걷고 있던 광대 자신의 투영일 수도 있다. 걷던 광대는 군중에 묻혀 함께 안주하거나 은폐하여 불안에 떨고 있을 수도 있었지만, 그는 새로운 결단, 창조적 결단으로 그것을 뛰어넘었다. 인간을 넘어선 인간, 위버멘쉬(Übermensch). 그는 초인이었다. 기존의 가치관에 속박당해 자기를 잃고 수평화된 인간, 타자의 눈으로 세상을 대하는 인간이기를 경멸하며, 속박을 떨쳐 내고 새로운 가치관, 자신만의 가치관으로 뛰어넘은 것이다. 창조가 이루어지는 위대한 순간이다. 물론 그는 걷다가 다시 세상의 가치관에 함몰될지 모른다. 그러나 그때마다 그는 '망각'하고 다시 뛰어넘을 것이다. 그렇게 하기 위해서는 홀로 깊은 사념에 잠겨 결단하는 고독의 시간이 필요하다. 그는 자신의 욕망대로 살려고 하며, 그 욕망을 실현하고자 하는 내면의 의지를 결코 포기할 수는 없다. '독파리' 같은 시장터의 군중으로 살기에는 내 삶의 순간들이 너무나 소중하지 않은가. 그렇다. "나로 살자!"는 굳센 의지가 그를 추동하고 있다. 이런 과정은 끝없이 되풀이되겠지만 그는 끝내 이겨 낼 것이다. 고독과 불타는 '권력에의 의지'로 자신만의 창조적 삶을 이뤄 내고야 말 것이다. 그는 '위버멘쉬', '초인'이 아니던가!

니체는 "신은 죽었다"라고 외쳤다. 이 짧은 말 안에는 "신은 죽었다. 도덕도 죽어야 한다. 그리고 자기 본래의 실존적 욕구를 실현하려는 강력한 의지의 화신 '초인'이 그 자리를 대신해야 한다. 이제 하늘을 향해 치솟은 첨탑을 부수고 대지에 입을 맞추라!"라는 의미가 함축되어 있다. 이제 신들은 존재하지 않는다. 신이란 단지 하나의 이념일 뿐이다. 지금까지 숭배해 왔던 초월적 신에게서 벗어난 인간은, 자기 스스로 가치를 만들어 가는 불굴의 삶을 살아야 한다. 망치를 든 철학자 니체는 이렇게 기존 이념을 깨부수고 자신만의 새로운 길을 창조해 갔다. "철학자들이 지금까지 수천 년 동안 이용했던 모든 것은 개념의 미라들"(『우상의 황혼』)이었음을 폭로하면서.

기존 가치관이 붕괴된 니힐리즘(Nihilism)의 시대를 맞이하여, 그는 인간을 넘어선 인간, 즉 '초인(超人)'을 주장했다. 이때 앞의 인간은 기존 가치의 틀에 휘둘려 사는 수평화·보편화·획일화된 인간을 가리킨다. 이를 뛰어넘은 초인은, 기존의 모든 관습과 굴레에서 벗어나 자유로운 정신을 가지게 된 인간이다. 자신을 경멸하고 넘어서려는 존재, 끊임없이 자신을 새롭게 창조해 가는 존재, 이것이 초인이고 우리가 지향해야 할 모습이다. 사람에게 사랑받아 마땅한 점이 있다면, 그가 하나의 과정이요 몰락이기 때문이다. 우리는 고정된 가치체계에 머물러 마치 쇼윈도의 마네킹처럼 그저 그렇게 모두 같은 형태의 인간으로 살아가는 삶을 멈추고, 자신을 경멸하며 자신을 뛰어넘어 앞으로 앞으로 나아가야 한다. 고정된 가치체계에 머물러 있는 인간은 극복되어야 한다. 그것은 참된 의미에서의 '나'가 아니다. 니체는 끊임없는 인간의 지속적인 자기 극복을 강조하며, "자기 자신을 뛰어넘어 새로이 창조하려 하며, 그 때문에 파멸의 길을 걷는 자를 사랑"(『차라투스트라는 이렇게 말했다』)하겠노라 선언한다.

니체는 인간의 '욕망(Desire)'과 이를 실현하려는 '의지(Will)'를 사상의 중심에 두었다. 욕망은 생명체가 가진 욕구를 말한다. 그러나 그것만으로는 행동으로 표출되지 못한다. 거기에 의지가 개입해야 비로소 행동으로 드러난다. 욕망을 실현하려는 힘이 의지이므로, 의지는 욕망에 의해 비로소 자신의 활동을 시작한다. 의지와 욕망이 조화를 이루면 그 욕망을 실현한다. 물론 다른 의지의 방해를 받지 않는다면 말이다. 인간 내부에는 수많은 욕망이 있고, 그것들이 행동으로 실현되기 위해 서로 다투고 있다. 욕망의 방향이 의지라면, 결국 우리는 내면에 수많은 상충하는 의지를 가진 셈이 된다. 이 의지들은 서로 다른 의지들을 이기고 자신을 실현하려고 한다. 따라서 의지들 사이에는 늘 갈등과 충돌의 전운이 감돈다. 단순한 힘이 아니라, 다른 의지를 이겨 낼 수 있는 보다 더 큰 힘을 지향한다는 의미에서 이 의지를 '권력에의 의지(Der Wille zur Macht)'라고 부른다. '힘에의 의지'라

번역하기도 한다. 그에 의하면, 비단 인간만이 의지가 충돌하는 각축장이 아니다. 유기체인 우주 전체가 '권력에의 의지'들로 가득한 네트워크를 이루고 있다. "이 세계는 권력에의 의지이며, 그 외의 다른 것이 아니다. 인간 너희들도 권력에의 의지 외 다른 것이 아니다."(『유고』) 결국, 이 세상의 모든 변화는 다른 의지들을 이겨 낸 '권력에의 의지'가 자기를 실현해 가는 모습에 다름 아니다.

단, '권력'이라고 해도 그것은 남을 지배하려는 의지를 말하는 것은 아니다. 내·외적으로 자신을 구속하고 불안하게 하는 한계를 극복하고, 자유의 지평을 넓혀 가고자 하는 의지다. 그런데 이 의지조차도 고착되면 다시 구속의 틀로 작용하므로 자기를 뛰어넘으려는 '권력에의 의지'는 끝없이 계속되며, 자신을 극복하는 동력이 된다. 바로 이러한 의지가 생의 본질을 이루고 있다는 것이 니체의 생각이었다. 그는 말한다. "살아 있는 것을 발견할 때마다 나는 권력에의 의지도 함께 발견했다"(『차라투스트라는 이렇게 말했다』)라고.[1]

1 오랜 옛날부터 사람들은 이 세상이 무질서하게 움직이는 것이 아니라 어떤 규칙적 힘에 의해 움직인다고 보았다. 그리고 그렇게 이끄는 근원적 '힘'이 무엇인지 알고자 했다. 대표적인 것이 종교, 특히 기독교였다. 기독교는 세상은 천지를 창조한 '신'의 섭리와 의도에 의해 움직인다고 말한다. 혹 부조리하게 보이는 현상일지라도 그것은 전지전능한 신의 의도 안에 있는 것임을 수상했다. 이후, '신'을 대신하여 인간의 '이성'이 그 자리를 대신하게 된다. 그 절정에 헤겔이 있다. 그는 이 세상의 변화는 '세계이성'에 의해 추동된다고 생각했

그렇다면 어떤 의지를 키워야 할까, 즉 어떤 욕망을 실현할까가 문제로 대두된다. 니체는 자기 본래의 욕망을 실현하게 할 의지를 키우라고 외친다. 그렇다면 결국 내 본래의 욕망을 어떻게 알 수 있을까로 집약된다. 다시 말해, '자기 자신'을 알아야 하는 것이 문제의 핵심이다. 타인(또는 무리)이 아니라 본래의 자기가 원하는 욕망, 그것이야말로 바람직한 것이고, 그것의 실현이 우리가 지향해야 할 삶의 모습이다. 그런데 현실은 어떤가? 우리는 자신을 너무나도 모른다. 니체는 말한다.

> 우리는 자기 자신을 잘 알지 못한다. … 우리는 필연적으로 우리 자신에게 이방인이다. 우리는 우리 자신을 이해하지 못한다. 우리는 우리 자신을 혼동하지 않을 수 없다. '모든 사람은 자기 자신에 대해 가장 먼 존재이다'라는 명제는 우리에게 영원히 의

다. 설사 우리의 눈에는 비이성적으로 보이는 현상일지라도, 그것은 세계이성에 따라 흐르는 도도한 변화의 물결이라는 것이다. 그런 합리주의·이성주의에 제동을 건 것이 쇼펜하우어다. 그는 모든 존재의 본질은 '의지'이고, 존재하는 모든 것은 '의지의 표상'이라고 생각했다. 그리고 세상은 바로 이 '의지', 그것도 '맹목적 의지'에 의해 변화하는 것임을 주장했다. 물론 인간 삶의 온갖 굴곡 역시 '생에 대한 맹목적 의지'가 이끌어 가는 변화인 것이다. 니체는 그의 영향을 받아 '의지'를 자기 사상의 중심으로 가져왔다. 단 그는 '맹목적 의지'가 아니라, '권력에의 의지'가 세상을 추동하고 변화를 이끌어 가는 근본 힘이라고 보면서 한 시대를 뒤흔들었다.

미를 지닌다.

—『도덕의 계보』

왜 우리는 자기 자신에 대해 잘 알지 못할까? '도덕'이라는 기성 가치에 매몰되어 진정 '나' 자신의 욕망이 무엇인지도 모르면서, 단지 사회의 강요된 가치에 따라 무반성적인 삶을 살아가고 있기 때문이다. 이 편견을 걷어 내야만 순수한 자신의 욕망, 자기에게 '좋은 것'을 알 수 있다. "지금까지 지상에서 도덕으로 찬양되어 온 모든 것을 의심해야 한다. 그리하여 자기가 누구인지, 자기가 좋아하는 것이 무엇인지를 감추고 있는 도덕적 편견을 걷어 내야"(『도덕의 계보』)하는 것이다.

우리는 세상을 '있는 그대로' 보지 못하고, 우리의 생각 — 그것은 타인의 눈으로 본 시각 — 으로 덧칠해 볼 뿐이다. 니체는, 진리는 이미 내 안에 갖추어져 있으니 "일체의 보편적 이념을 의심하라. 고전은 옛사람의 찌꺼기일 뿐이다"라고 외치면서, 기존 가치관의 굴레에서 벗어나 자신의 시각으로 자기만의 가치를 정립하고, 그 실현을 위해 살아갈 것을 주장했다. '자기만의 가치'란 생을 긍정할 수 있는 가치, 그래서 다시 태어나도 같은 삶을 반복하고 싶다고 여길 수 있는 가치를 말한다. 이것이야말로 진정 인간이 추구해야 할 것이고, 그 실현이 바로 '창조적인 삶'이라고 여겼다.

니체 윤리학에서 최고선은 '창조적인 삶(the creative life as a whole)', 특히 자신의 창조적인 삶이라 할 수 있다. 니체가 말하는 창조성은 단순히 새로운 어떤 것을 만들어 낸다거나 기존의 가치 틀 내에서 발휘되는 통상적 의미의 창의력을 뜻하지 않는다. 니체의 '창조'는 기존에 있던 가치 틀을 벗어나 자유로운 상태에서 완전히 새로운 평가를 하는 것이다. 새로운 '틀'을 통해 '새롭게' 자신만의 가치를 정립하는 것, 그리고 그것에 따라 삶을 영위하는 것, 그것이 바로 진정한 의미에서의 니체가 말하는 '창조'다. '창조'는 스스로 자기 자신의 입법자가 되고자 하는 순수한 의욕의 활동인 것이다.

니체는 자기 본래의 욕망을 알기 위해서, 그래서 창조적 삶을 살아내기 위해서는 낯선 것에 대한 많은 경험(체험)이 필요하다고 한다. 기존 이념에 이끌려 자신의 좋고 싫음을 거기에 맞추고, 그것을 실현하기 위해 모든 힘을 경주해 온 것이 우리가 살아가는 모습이었다. 그러나 그것은 나의 욕망이 아니라 타자의 욕망, 그것도 기득권자의 입맛에 맞추어 살아가는 것이다. 거기에 '나'는 없다. '나'의 욕망이 아닌 타인의 욕망만을 좇으니, 그것의 실현도 어려울 뿐 아니라, 설사 실현하였다 해도 그것이 '나'의 행복과 연계될 리 만무하다. 애초에 그것은 '나'의 욕망이 아니었기 때문이다. 그저 기존의 가치관에 예속되어 살아가는 진부한 경험이 아니라, 낯선 경험을 하면서 자신에게 정말 좋은 것, 자신만의 욕구를 찾아갈 것을 외치는 이유가 여기 있다.

그런데 무언가를 '경험'하기 위해서는 어떤 선입견도 갖고 있지 않은 상태여야 한다. 기존 틀에서 벗어나 있어야 한다는 뜻이다. 진정한 의미에서의 경험은 모든 판단, 특히 세속적 이념과 고정관념을 버린 상태에서 이루어진다. 기존 틀에 의한 고정관념을 갖고 있다면, 실재 그 자체를 경험하는 것이 아니라 자신이 덧씌운 가상의 어떤 것을 경험할 뿐이다. 그렇다면 참된 경험이 되기 위해서는 모든 고정관념을 버리고 대상을 '있는 그대로' 대해야 한다. 오만, 연민, 집착, 습관(관습), 도덕 등을 모두 비우고 '본래의 자기'에게 좋은 것을 발견하고 그것을 추구해야 한다. 그것이 진정으로 '강한 자'이다.

그런데 이미 습관화되어 있는 모든 기존 가치관과 그것에 의한 판단을 버리고 그야말로 백지 상태에서 새롭게 경험한다는 게 말처럼 쉬운 일이 아님은 누구나 알고 있는 사실이다. 그렇다면 어떻게 해야 할까? 참된 '나'의 욕망을 알기 위해서는, 낯선 경험을 통해 진정 내가 좋아하는 것을 알기 위해서는, 기존 가치관의 강요를 피해 홀로 고요히 침전하는 것, 즉 '고독'이 필요하다. '권력에의 의지'가 원활한 작용을 하기 위해서는 '고독'에 침전해야 하는 것이다. '고독'의 힘은, 침묵 속에서 기존의 왜곡된 틀을 비우고 심층의식의 새로운 눈으로 세상을 볼 수 있게 하는 데 있다. 참된 자신에게로 돌아가 '있는 그대로'의 실재와 만나게 하는 것이다. 외부로 향하던 시선을 거두어들임으로써 자신의 고향으로 돌아가도록 인도하는 길, 그것이 바로 '고독'이다.

결국, 니체가 말하는 창조성은 다름 아닌 고독에서 발현한다. 고독 속에서 우리는 우리에게 '강제적으로 주어져' 있던 것들을 완전히 새로운 방식으로 바라볼 수 있다. 그리고 이를 통해 새로운 가치를 정립하는 '창조'로 나아가게 된다. 고독은 창조적 삶을 살기 위한 기반이다. 이것이 바로 그가 간절히 고독을 외치는 이유다. 그는 저서 속 인물 차라투스트라의 입을 빌려 다음과 같이 말하고 있다.

> 형제여, 너의 사랑 그리고 창조와 더불어 고독 속으로 물러서라. … 형제여, 눈물로 간청하노니 너의 고독 속으로 물러서라. 나는 자기 자신을 뛰어넘어 창조하려 하며 그 때문에 파멸의 길을 걷는 자를 사랑한다.
>
> —『차라투스트라는 이렇게 말했다』

니체의 자서전『이 사람을 보라』의 부제가 "사람은 어떻게 있는 그대로의 자기가 되는가?"라는 것에서 알 수 있듯, 본래의 자기가 되는 것이 니체가 추구하는 최종 목표였다. 그의 자화상인 차라투스트라가 계속 산을 올라갔다 내려오는 이유도 진정한 자기를 찾아가는 여행이자 방랑이라고 할 수 있다. 그런데 이것은 '고독'을 통해 이루어진다. 창조는 힘든 고통을 겪어야 하고, 칠흑 같은 고독을 이겨 내야 한다. 암흑 속의 고독한 별이 스스로 빛을 내며 어둠의 세계를 밝히듯이, 고독은 침묵 속에서 진리의 빛을 생성한다. 창조적 삶을 위해서 우리 자신을 알아야 한다면 '고독' 속으로 침전하라! 그리고 자신을 넘어설 수 있는 가치를 끊임없이 창조해 내라! 그는 이것이야말로 대지의 의미이고 존재의 의미라고 생각했다.

니체는 인간 정신의 단계를 '낙타', '사자', '어린아이'로 나누어 비유하는데, 바로 이 어린아이가 그가 그리는 궁극적 인간, 초인의 모습이다. 이미 '어른'이 되어 버린 우리는 깊은 고독을 거치며 그 고독을 집어삼키지 않으면 어린아이로 다시 태어날 수 없다. 그런데 고독에는 인내가 필요하다. 이러한 니체의 생각은『아침놀』에서 잘 드러난다.

나는 나 자신을 기다려야 한다. 나의 자아의 샘으로부터 물이 나올 때까지는 시간이 걸린다. 그리고 내가 인내할 수 있는 것보다 더 오랜 시간 갈증을 참아야 한다. 그래서 나는 고독으로 들어간다.

—『아침놀』

어린아이가 되기 위해 차라투스트라는 산속의 고독으로 들어가기를 반복했다. 차라투스트라가 10년 동안 산속에서 고독을 즐기다 내려오는 모습을 보고 성자는 다음과 같이 말한다.

눈이 맑아지고 입가에는 어떤 역겨움의 흔적도 없어. 그러니 춤추는 자처럼 걷고 있지 않은가? 차라투스트라는 변했어. 아이가 되었어. 차라투스트라는 각성한 자가 되었어. 그런데 이제 잠든 사람들에게 다가가 무얼 하려는 건가.

—『차라투스트라는 이렇게 말했다』

그런데 그는 왜 '초인'을 '어린아이'에 비유했을까? 다음 글에서 답을 찾을 수 있다.

아이는 순진무구함이며, 망각이고, 새로운 출발, 놀이, 스스로 도는 수레바퀴, 최초의 움직임이며, 성스러운 긍정이 아닌가. 그렇다. 창조라는 유희를 위해서는, 형제들이여, 성스러운 긍정이 필요하다. 어린아이는 순수 자신의 의지에 따라 행동한다.

—『차라투스트라는 이렇게 말했다』

어린아이는 망각의 달인으로, 기존 틀에 속박되지 않고 늘 다시 새롭게 출발한다. 어린아이는 미움도 원망도 쌓아 두지 않고 단숨에 비워 버린다. '비움'의 대가(大家)인 것이다. 그래서 싸웠다가도 언제 그랬냐는 듯 바로 다시 친하게 뛰어논다. 어린아이는 인위적 세계의 강압적 세례로부터 청정지역에 거주하며, 자기 자신의 의지를 의욕하는 존재다. 이런 어린아이에게 세계는 창조의 놀이터가 된다. 해변에 모래성을 쌓았다 파도에 부서져도 까르르 웃으며 재미있어한다. 다시 만들면 되기 때문이다. 그에게는 모래성을 쌓는 것이 노동이 아니라 놀이다. 아니, 그에게는 모든 것이 놀이다. 더구나 그 놀이에는 어떤 정해진 규칙도 없다. 그저 지금 이 순간, (본래 자기의) 마음이 가는 대로 즐기면 된다. 망각은 새로운 세계와의 소통을 열어 주는 힘이다. 니체가 말하는 끊임없는 자기 초월과 창조는 이때 이루어진다.

그러나 우리는 어른이 되어 가면서 미움이나 원망 등으로 마음속에 강고한 성을 쌓게 된다. 에고가 자라나 마음의 주인으로 행세하기 때문이다. 우리는 과거-현재-미래라는 시간 구조, 즉 기억과 기대를 통해서 기능하는 에고를 넘어서야 '(본래의) 자기 자신'과 만날 수 있고, 오직 이때에만 타자와 진정한 소통을 이룰 수 있다.

'권력에의 의지'로 자기 본래의 욕망을 성취하는 자가 초인이라면, 어린아이는 초인이지 않은가! 그렇다면 우리는 이미 과거 어느 날 모두 초인이지 않았겠는가? 잃어버린 어린 시절, 초인이었던 그때가 그리우면 '권력에의 의지'를 키워라. 이를 위해서는 고독의 깊은 터널을 지나야 한다. 그래야 비로소 초인이 될 수 있다. 초인이란 완전한 자유에서 새로운 세상을 열어 가는 자이며, 인간의 절정이다. 아니, 초인야말로 참으로 '인간'인 것이다.

니체는 건강상의 이유로 35세에 스위스 바젤대학교 교수직을 사퇴하고, 그 연금으로 이탈리아, 프랑스, 스위스의 휴양지에서 휴식과 사색 그리고 집필에 몰두하며 지냈다. 안구의 통증을 비롯해 두통이나 구토 등의 극심한 신체적 고통에 자주 시달렸기 때문이다. 그는 휴양지에서 많은 시간을 산책에 할애했는데, 그 속에서 자기 내면의 깊은 울림을 느꼈다. 그는 이 시간을 "내 안의 가장 깊은 샘에서 솟아나는 활성 음료수를 마실 수 있"(『인간적인 너무나 인간적인』)는 때였다고 회상한다. 이것은 자신의 내면 깊은 곳에 이르는 일종의 명상이었다. 단, 앉아서 훈련하는 명상이 아니라 자연 속 산책을 통한 명상이었다. 이때 그는 자신과 타자의 경계가 사라지고 자연과 합일하는 느낌을 받았다고 한다. 1884년 페터 가스트에게 보낸 편지에는 "나는 산책하다가 울고 말았다네. 그건 참으로 광희의 눈물이었지"라는 회상이 담겨 있다. 순례자들은 기나긴 도보여행을 하고는 이구동성으로 변모된 자신을 발견했다고 한다. 홀로 외로이 걷는 여행은, 오랜 시간 침묵 속에서 자신을 바라보게 함으로써 자신도 모르던 자기의 일부를 만나게 해 주기 때문일 것이다. 니체도 그랬던 것 같다. 이러한 경험을 통해 그는 명상의 중요성을 강조하며 다음과 같이 말한다.

> 현대사회의 생활 속도는 두려울 만큼 점점 빨라지고 있다. 현대인들은 생각하는 시간도, 생각하는 데 필요한 정적도 잃어버렸다. 명상하는 삶이 점점 사라지고 있다. 본래 명상 생활을 하려면 여유로운 시간이 있어야 한다. 그 시간에 아무것도 하지 않는 것은 고귀한 일이다.
>
> —『인간적인 너무나 인간적인』

2
고독을 신앙하다 — 토머스 머튼

오, 나의 하느님!
내 마음이 드리는 사랑,
있는 그대로의 내 마음의 사랑,
한 인간의 마음이 드리는 사랑을
당신께서 원하셨음을
나는 마침내 고독에서 알았습니다.

— 토머스 머튼

법정(法頂) 스님은 평소 친밀히 지내 왔던 이해인 수녀에게 다음과 같은 편지를 보냈다.

> 수도자에게 있어서 고독은 그림자 같은 것이겠지요. 고독하지 않고는 주님 앞에 마주 설 수가 없을 것 같습니다. 단절된 상태에서 오는 고독쯤은 세속에서도 다 누릴 수 있습니다. 수도자의 고독은 단절에서가 아니라 우주의 바닥 같은 것을 들여다볼 수 있기 때문이 아닐지요. 말하자면 절대적인 있음 안에 서 있는 자신을 볼 수 있기 때문입니다. … 고독을 배웁시다.

수도자들, 신을 만나고 그의 말씀을 실천하는 일에 평생을 바치는 그들에게 '고독'은 절대적으로 필요한 것이다. 신과 단둘만의 깊은 관계를 맺을 수 있는 소중한 시간이며, 종종 '신의 계시'는 고독을 타고 오기 때문이다. 묵상도 고독이고, 명상도 고독이다. 아니, 고독을 살아야 묵상도 깊어지고 명상도 깊어진다. 이제 토머스 머튼을 통해 절대자를 마주한 자의 '고독'에 대하여 알아보자.

'침묵의 수도자' 토머스 머튼(Thomas Merton, 1915-1968)은 고독을 그림자처럼 품고 살았던 대표적 수도자다. 더구나 그의 고독은 조금 색다르다. 그의 고독은 일정 시간 침잠하는 고독이 아니라, 모든 날 모든 시간을 침묵 속에서 살아가는 형태의 고독이다. 그는『고독 속의 명상』에서 양자를 비교하여 "참으로 고독한 삶은 사회생활을 하는 과정에서 때때로 누릴 수 있는 부분적 고독과 전혀 다른 본질을 지닌다"고 하면서, 고독이 일상적 생활과 교대될 때 고독은 한 번의 멈춤, 한순간의 정지, 한 번의 집중적 성격을 띌 수도 있다고 한다. 그러나 고독이 어쩌다가 일어나는 일이 아니라 하나의 지속적인 전체가 될 때 비로소 우리의 온 삶이 하나의 흐름이 되어 매일 하느님을 만나고 침묵 안으로 들어갈 수 있으며, 조용하고 지속적인 행동으로 구원을 이룰 수 있음을 강조한다. 이것은 그가 하느님을 찾기 위한 고독의 필요성을 자각하고 26세의 젊은 나이로 켄터키주의 겟세마니 트라피스트[1] 봉쇄수도원에 들어갔기 때문에 가능한 것이었다. '봉쇄수도원'이란 모든 시간을 침묵 속에서 보내며 일절 외부와의 접촉을 차단한 수도원이다. 통상 한번 들어가면 죽을 때까지 그 안에서 생활하는 것으로 알려져 있다. 그는 자신을 온전히 하느님께 바치기 위해 이 삶을 택하였다. 그에 따르면, "그리스도교의 은수자는 단순히 특별하고 고양된 영적 체험을 얻

1 트라피스트 수도회는, 1098년 베네딕트회의 성(聖) 로베르가 프랑스 시토(Citeaux)에 창설한 수도회 '시토회'의 분파로, 정식 명칭은 'Order of the Reformed Cistercians of the Strict Observance'이다. 트라피스트 수도사들은 세상과 단절된 채 기도와 명상 그리고 수도원 운영을 위한 노동으로 평생을 살아간다.

기 위한 분위기나 환경을 조성하기 위해 고독을 찾지는 않는다. 또 자기가 원하는 어떤 것, 즉 관상(觀想)을 얻기 위한 유리한 방법으로 고독을 찾지도 않는다. 그는 자신을 온전히 하느님께 봉헌하기 위한 방법으로 고독을 찾는다"(『고독 속의 명상』)고 한다. 그의 고독은 무언가를 얻기 위한 수단이 아니라 그 자신을 봉헌하는 행위였던 것이다. "우리의 소명은 단순히 '있는 것'이 아니고 하느님과 함께 우리의 생명, 우리의 정체성, 우리의 운명을 창조하는 일"(『새 명상의 씨』)이라는 신념이 그를 이러한 삶으로 이끌었다. 그러나 그는 봉쇄수도원에서의 생활 속에서도 갇혀 있다는 기분보다는 오히려 자유로움을 만끽할 수 있었다고 한다. 수도원의 생활, 단식, 고독, 그리고 그 고독 안에서 하느님의 현존을 느끼는 것, 이 모든 것을 즐겁게 받아들이며 자신을 봉헌했다. 고독에 우열이 있겠는가마는, 그의 고독은 분명 온 삶을 바치는 처절한 고투였음이 틀림없다. 그렇다고 그가 누구나 이렇게 살아야 한다고 주장한 것은 아니다.

그에 의하면, 외따로 떨어져 홀로 산다고 고독이 되는 것은 아니다. '실재'를 갈망하고 그 실재와 만나기 위해 언어적 사고를 버리고 단도직입, 존재 자체 속으로 뛰어들어야 한다. 그것은 '침묵'을 통해서 이루어진다. 그러나 침묵 속에서 그의 소명을 참으로 자각했다면, 이제 일상사를 벗어나 홀로 살아야 할 필요가 없다. 왜냐하면, 일상사가 더는 그의 소명을 방해하지 못하기 때문이다. 그에게 일상사는 저절로 조화가 이루어지는 질서 있고 평화로운 세계가 될 것이다. 세상은 본래 모순의 세계가 아니다. 인간이 언어에 의해 세계를 분석하려고 했고, 그 분석 도구의 미비함 때문에 모순으로 보였을 뿐이다. 침묵을 통해 소명을 자각하면 세상은 모순이 아니다. 더 이상 언어라는 도구로 세상을 재단하려 하지 않기 때문이다. 따라서 그는 일상 속에서의 삶에 부정적이지 않았다. 그가 고독의 목적을 신과의 합일만이 아니라, 최종적으로는 이웃에게로 퍼져 가는 '이웃사랑'에 두고 있었음에서도 세상 속으로 뛰어드는 삶을 긍정하고 있음을 알 수 있다. 사실 그가 말한 대로 고독은 타자와의 벽을 허물고 '자아'를 넘어 '우리'로 나아가게 해 준다. "내가 하느님과 일치하면 할수록 그분과 일치하고 있는 다른 사람들과 더욱 일치할 것"이라는 머튼의 말은, 고독을 통한 하느님과의 합일이 바로 '참 자아'에 대한 발견임과 동시에 이웃과의 일치를 포함한다는 점을 말하고 있는 것이다. 이때 우리는 인간으로 화한 그리스도와 같은 마음으로 하느님을 사랑할 수 있으며, 동시에 그리스도가 이웃을 사랑했던 그 마음으로 이웃을 사랑할 수 있다. 그는 이것이야말로 하느님이 그리스도를 보내신 까닭이라고 확신했다. 다만, 머튼 자신은 그럼에도 불구하고 세속을 끊는 삶을 택하였다.

그의 강렬한 삶의 모습에서 짐작할 수 있듯, 토머스 머튼은 하느님께 완전한 사랑을 바치고자 했고 그런 만큼 부족한 자신에 대한 책망도 컸다. 그러나 그는 이러한 생각의 무모함, 그릇됨을 깨닫는다. 인간의 사랑은 신이나 천사의 완전한 사랑이 아니다. 그럴 수도 없지만, 그럴 필요도 없다. 인간으로서의 삶을 살아가면서 행하는 사랑이야말로 진정 하느님이 원하시는 것이며, 그때 비로소 인간의 사랑이 가치를 갖게 된다. 신은 한 인간의 가슴이 드리는 사랑을 원하시는 것이다.

> 우리가 천사나 신이 되기 위해 인간의 자리를 벗어나는 것이 신비가 아니라, 인간으로서 나의 가슴에서 나오는 사랑이 인간에 대한 하느님의 사랑이 될 수 있고, 인간으로서 나의 눈물이 하느님의 눈물로 떨어질 수 있음이 바로 신비이다.
>
> —『고독 속의 명상』

하느님의 독생자인 그리스도가 왜 인간으로 태어나 인간적 삶을 살아갔겠는가. 그의 삶 속에서 인간이 어떻게 하느님을 사랑하고 맞아들여야 하는가를 보여 주기 위한 것이다. 그가 신의 형상이나 천사의 형상을 하고 왔다면 인간에게 훨씬 큰 영향을 끼쳤을 수는 있다. 그러나 인간이 어떻게 구원받는가를 보여 줄 필요가 있었고, 이를 위해 일부러 인간의 모습으로 세상에 오신 것이다. 이는 하느님이 인간을 얼마나 사랑하고 계시는지를 알 수 있는 증표다. 그리스도의 십자가가 헛되지 않기 위해서 우리는 인간이어야 하고 앞으로도 인간이어야 한다. 예수께서는 천사들을 위해서가 아니라 사람들을 위해서 돌아가신 것이다. 그는 이것을 '고독'을 통해서 깨달았다. 그는 말한다. "오, 나의 하느님! 내 마음이 드리는 사랑, 있는 그대로의 내 마음의 사랑, 한 인간의 마음이 드리는 사랑을 당신께서 원하셨음을 나는 마침내 고독에서 알았습니다."(『고독 속의 명상』)라고.

이것은 머튼이 우리 존재의 깊은 중심에 하느님의 모습, 즉 '하느님의 형상'이 새겨져 있고 그것이 우리의 본성을 이룬다는 사실을 자각했기 때문이다. '하느님 형상'이 간직되어 있다는 것은 우리 안에 하느님이 내재한다는 뜻이 아니다. 그것은 우리에게 자신의 참모습을 자각할 수 있고 세계를 올바로 대할 수 있는 신의 능력이 내재해 있으며, 하느님이 그것을 통해 자신을 드러내고자 한다는 것을 천명한 말이다. 이제 우리 인간은 천사가 될 필요가 없다. 나의 깊은 내면에 있는 나의 본성을 자각하면 된다.

그렇다면 우리 안에 있는 '하느님'을 자각하고 실현하는 것이 진정한 '자기'를 회복하는 길일 것이다. 그런데 하느님은 '사랑의 하느님'이다. 결국, 인간은 근본적으로 사랑을 추구하는 존재이며, 사랑을 떠나 행복할 수 없는 존재다. 다시 말해 인간은 자신의 본성인 '사랑'을 실현하려는 목적을 갖고, 그것을 실현할 때 비로소 참된 자기완성도 이루어지는 존재인 것이다. 그러나 우리는 사회의 그릇된 메커니즘 속에서 자기 자신을 잃어버리고 말았다. 사랑을 잃어버린 것이다. 그 결과, 우리는 거짓되고 형식적인 자아, 사회적 강요나 타인에 의해 정형화된 자아를 '참된 자기'라 생각하며 살아간다. 우리가 추구하는 것은 이제 더는 사랑이 아니라 욕망을 채우기 위한 '힘'이다. 그럴수록 점점 본성과 멀어지고 행복은 요원해진다. 이런 우리에게 필요한 것은 존재의 참된 모습, 즉 '실재'에 대한 뚜렷한 통찰이다. 그리고 이를 통해 왜곡된 자아 인식과 판단을 넘어서, 우리 안에 계신 하느님의 형상을 믿고 그 능력을 자신을 통해 드러내야 한다.

그런데 내면의 본성에 대한 깨달음은 거짓된 자신을 버리는 '비움[순명(順命): 내려놓기]'을 통해서 이루어진다. 비움은 침묵 속에서 가능하며, 침묵은 고독으로 이어진다. 고독은 내적 삶으로 나아가는 길이다. 이에 대하여 머튼은 그의 명상집에서 다음과 같이 말하고 있다.

> 나는 매번 고독 속으로 돌아갈 수 있어야 한다. 그것은 내가 그 누구에게도 묘사해 보이지 않았던 곳, 그 누구에게도 보여 주지 않았던 곳, 그곳의 침묵이 하느님 외에는 그 누구도 모르는 어떤 내적 생활을 길러 준 그런 곳으로 돌아가는 것을 의미한다.
>
> —『고독 속의 명상』

침묵의 고독에 들어가 '참 자아'를 일깨우면, 다음과 같이 내면에 깃든 하느님의 형상이 저절로 드러나 스스로 사랑을 체현해 간다.

> 참 자아에 대한 인식은 하느님과 같이 되고, 하느님 안에서 살며, 하느님의 눈으로 보며, 하느님의 마음으로 모든 피조물을 연민을 가지고 사랑하도록, 하느님의 내적 현존에 의해 내부로부터 변화됨을 의미한다. 우리가 아니라 하느님께서 우리 안에서 그 일을 하신다.
>
> —『영적 지도와 묵상』

머튼은 이것을 '자발성'이라는 말로 표현한다. 그에 의하면, 사람들은 보통 저절로 드러나는 자발적인 것을 부정적으로 보고, 자연적이고 자발적인 것을 억제해야 한다고 여긴다. 그러나 우리가 참된 우리 자신이 되지 못하는 것은 자발적으로 발동하는 것 때문이 아니라, 우리의 왜곡된 자아에서 비롯되는 것이다. 그것이야말로 극복되어야 할 것이다. 그때 우리 깊은 내면에 깃들어 있는 '하느님의 형상'이 깨어나 참 자기의 삶을 살아가게 되며, 결국 하느님과 사랑으로 하나 되는 여정을 걸을 수 있게 된다. 이를 위해 우리는 외적 소음을 차단하고 침묵에 들어야 하는 것이다.

침묵은 성화(聖化)의 본질이며, 성인(聖人)들이 지닌 힘은 다름 아닌 침묵 속에서 다져진다고 본 그는 '침묵의 전도사'로 칭해질 만큼 다음과 같이 침묵을 찬양한다.

> 밤이 대지 위에 내려오면 어둠과 별들이 침묵을 가득 채운다. 이것은 참되고 특별한 불림이다. 기꺼이 그러한 침묵에 완전히 속하고자 하고, 이 침묵이 뼛속까지 스며들게 하며, 침묵 외에는 아무것도 호흡하지 않고 침묵을 먹고 살며, 그 삶의 본질을 살아 깨어 있는 침묵으로 변화시키려는 이는 거의 없다.
>
> —『고독 속의 명상』

침묵은 고독이며, 참된 고독은 사랑과 평화의 보고(寶庫)다. 고독은 '하느님을 품고 있고, 하느님 안으로 뛰어들게 하는 것'이다. 그는 이것이야말로 그리스도인의 고독의 참된 열매이자 목적이라고 여겼다. 그는 철저히 이러한 삶을 살았다. 깊은 침묵의 고독 속에서 세상에 편재하신 하느님의 침묵을 만나고, 이를 통해 하느님의 고독에 참여함으로써 자신을 통해 하느님의 형상이 흘러나오도록 하였다.

사실 침묵에는 자연의 고요함[정(靜)]을 닮으려는 욕구가 작용하고 있다. 동서를 막론하고 자연은 침묵과 고요를 그 중심에 담고 있다고 생각했다. 물론 고요는 정지나 죽음이 아니라, 활기를 품은 역동적 상태다. 우리는 침묵을 통해 우주와 하나가 됨으로써 무한성과 영원성을 얻는다. 그리고 우리 의식이 침묵에 잠기면 실제로 우주의 본 모습이 자발적으로 자신을 드러내 온다. 머튼의 경우, '우주의 근원'이 '하느님'으로 치환되고 있을 뿐이다.

그런데 우리는 홀로 있는 고독의 순간을 두려워한다. 자신의 유한성을 자각하고, 한계상황에 대한 외로움과 불안에 떨고 있는 자신과 대면하기 때문이다. 그것이 두려워 거기에서 눈을 돌린 채 태연한 척 살아간다. 그러나 이를 피하면 피할수록 내면 깊숙이 두려움과 공허감은 커지고, 그럴수록 재물과 명성, 권력, 지식 등에 집착하며 거기서 자신의 정체성을 찾으려고 한다. 그러나 많은 사람이 뒤늦게야 이해하는 진실은, 고통을 피하려 하면 할수록 더 고통스러워진다는 것이다. 다칠까 두려워하는 그만큼씩 더 작고 하찮은 것들까지 우리를 괴롭히기 시작할 것이기 때문이다.

혹자는 결국에는 죽을 수밖에 없는 유한한 존재라는 사실 앞에서 모든 것이 무의미하고 허무할 뿐이라는 절망에 빠져든다. 이렇게 되면 밖으로 향한 문을 굳게 걸어 잠그고 자신을 어둠 속에 유폐시킨다. 외부에서 자기 정체성을 찾으려는 시도와 정반대의 길을 걷는 것이다. 머튼은 이것을 '퇴행적 고독'이라 부른다. 여기에서는 결코 자신을 사랑할 수 없다. 당연히 타인에 대한 사랑 또는 자신의 본질인 '사랑'도 만날 수 없다.

여기서 벗어나려면 실존적 불안을 인정하고 받아들여야 한다. 자기 존재의 적나라한 모습, 즉 부조리하고 공허하고 유한한 모습, 다시 말해 '실존'을 대면하고 수용해야 한다. 그럼으로써 자신을 지탱하고 있던 재물이나 사회적 신분 또는 권력에 대한 욕망이 산산이 부서지는 것을 마주해야 한다. 실존의 심연을 바라보는 것은 두렵지만, 그것이 참된 고독을 통해 하느님의 사랑, 참된 자아를 찾을 수 있는 유일한 길이다. '침묵의 수도자' 머튼은 실존적 심연의 고독을 마주하되, 의지할 데 없는 이 한계상황에 절대로 절망하지 말고 정면으로 바라보며 침묵하라고 한다. 이렇게 모든 내적 사고의 소음이 멈추면 비로소 자기의 진정한 자아가 모습을 드러낸다. 그의 말을 따르면 "깊은 고요 속에서 완전히 평화로울 때 하느님의 형상인 내적 자아가 모습을 드러내는 것"이다.

'퇴행적 고독'이 자아를 잃을까 두려워 강하게 움켜쥐고 있는 것이라면, '참된 고독'은 판단을 멈추어 거짓 자아를 버리고 내맡기는 것이다. 이때 하느님의 현존을 감지하게 된다. 하느님 안에서 우리 자신을 버려야 비로소 하느님과 만날 수 있는 것이다.[2]

우리가 무언가에 대해 좋다거나 나쁘다고 판단하는 것은 실은 언어의 속임수에 불과하다. 이것이 모든 문제의 근원이다. 그는 말한다.

> 우리는 자신과 사물 사이에 언어를 개재시킨다. 이제는 더 이상 현실과 친교 방법이 되지 못하는 언어라는 모호한 영역에서는 하느님조차도 하나의 비현실적 개념에 불과하다.
>
> —『고독 속의 명상』

언어의 장난질에서 벗어나면, 만남과 이별이 하나이듯 죽음과 삶, 유한과 무한이 실은 한 몸임을 알게 된다. '불안'을 받아들여 거기에 내맡길 수 있는 것은 이를 깨달았기 때문이다. 그리고 이것은 '고독'을 통해 이루어진다. 그래서 그는 말한다.

2 이영경,「고독의 철학」,『철학연구』제134집, 2015, 138쪽 참조.

고독한 생활은 침묵의 생활이므로 인간이 그의 지성과 사물 사이에 만들어 놓은 언어의 연막을 흩어 버린다. 그리고 고독 속에서 우리는 사물의 적나라한 존재와 정면으로 맞닥뜨린다. 그 때 우리는 두려워한 적나라한 실재가 두려워할 것도 부끄러워할 것도 아님을 알게 된다.

—『고독 속의 명상』

고독의 힘은, 언어적 사유를 모두 비우고 있는 그대로의 '실재'에 내맡기는 데서 온다. 그의 표현을 빌리자면, "고독한 삶으로 부름받는다는 것은, … 침묵에 자신을 넘겨주고 건네줌으로써 완전히 자신을 맡기는 것이다."(『고독 속의 명상』) '내맡김'은 실상을 거스르지 않는다는 단순하지만 심오한 지혜다. 지금 이 순간의 있는 그대로를 받아들인다는 의미이기도 하다. 이때 불안은 평화와 행복으로 바뀌게 된다. 그렇지 않으면 무의식적인 저항을 멈출 수 없고, 불안한 상황이 계속될 수밖에 없다. 우리가 매 순간의 현실에 내맡기지 못하고 감정에 휘말리는 이유는, 습관적이고 무의식적인 저항에 깊이 물들어 있기 때문이다. 모든 고통은 실은 모두 우리 마음의 저항이 만들어 내는 것이다. 내맡김을 통해 에고의 단단한 껍질이 벗겨지면, 마음 깊은 곳에 있는 고요(심층의식)가 의식의 전면으로 떠오른다. 이때 우리는 내적인 무저항 상태에 있으면서도 예민하게 깨어 있어, 어떤 행위가 요구되면 그에 알맞은 대응을 할 수 있게 된다. 이를 '행함이 없는 행함'이라 부를 수 있을 것이다.

내맡김은 "나는 이 일을 절대로 극복할 수 없어!"라고 하면서, 그것에 대한 극복을 무기력하게 포기하는 것이 아니다. 다만 '있는 그대로'의 실상을 받아들인다는 의미다. 언어가 양자를 갈라놓기 전까지는, 사랑과 이별, 삶과 죽음의 '있는 그대로'의 모습은 한 몸이다. 그런데 사랑과 이별, 삶과 죽음이 하나라면 그저 그렇고 그런 밋밋하고 무미건조한 삶이 되지 않겠느냐고 반문하는 사람들이 있다. 아마 삶의 의욕과 사랑의 열정이 사그라들 것을 염려한 것일 테다. 그들은 말한다. "사랑에는 반드시 아픈 이별이 따른다고 해서 사랑하지 않는 것은 바보스러운 짓이다. 이별의 아픔이 없는 완전한 사랑 같은 것은 필요 없다. 그것은 인간적 사랑이 아니다. 아무리 이별이 뒤따른다 해도 나는 죽도록 사랑할 것이다. 삶과 죽음의 경우도 마찬가지다. 나는 영생을 추구하지 않으며 인간적 죽음이 있음을 오히려 행복하게 생각한다"라고. 그러나 이렇게 생각한다면 그것이 바로 삶과 죽음, 사랑과 이별을 있는 그대로 받아들이는 '내맡김'이다. 통상 우리는 사랑을 하면서도 이별을 걱정하고 두려워한다. 살아가면서도 늘 죽음이 머릿속을 맴돈다. 이러한 집착이 인간의 불안을 초래하는 것이다. 이렇게 되면 사랑도 삶도 온전히 이룰 수 없다. 사랑할 때는 열정을 다해 사랑하고 이별이 오면 아프지만 그것대로 받아들이는 것, 삶을 충만하게 살아가고 죽음이 오면 기꺼이 맞이하는 것, 이것이 바로 있는 그대로에 내맡기는 것이다. 이때 우리는 사랑에도 삶에도 열정적으로 최선을 다할 수 있게 된다. 걸림 없는 자유의 상태는 바로 여기서 온다.

머튼은 참된 고독으로 나아가려면 그것이 명상 안에 뿌리 내려야 한다고 여겼다. 그에 의하면 명상에 들 때 비로소 사랑이신 하느님을 만나게 된다. 그리고 '나'의 가장 본질적이고 고유한 힘은 사랑할 수 있음이며, '나'란 하느님의 형상 곧 사랑임을 확실히 알게 된다. 그가 말하는 명상이란 우리 내면에 존재하는 하느님을 직관하기 위한 '명상기도(묵상)'를 뜻하지만, 그는 일찍부터 동양의 명상에도 지대한 관심을 갖고 연구했다. 『고독 속의 명상(*Thoughts in Solitude*)』, 『새 명상의 씨(*New Seeds of Contemplation*)』, 『명상이란 무엇인가(*What Is Contemplation*)』 등은 그 노력의 결과물이다. 그는 일찍부터 선(禪)에도 많은 관심을 기울여 『신비주의와 선의 대가들(*Mystics and Zen Masters*)』을 비롯해 많은 저서를 출간하기도 했다. 더구나 장자에 매력을 느낀 그는 5년여의 연구 끝에 『장자』 원본을 번역하였는데, 지금 전해지는 『장자의 도(*The Way of Chuang Tzu*)』가 그것이다. 오랫동안 동양사상에 심취했던 그가 특히 장자에 관심을 갖고 난해한 원본의 번역을 시도한 것은, 기독교의 정수를 장자에게서 느꼈기 때문이었다. 『장자의 도』는 『장자』 원본의 어구에 충실하게 번역한 책은 아니다. 자신의 사상을 가미하여 장자 사상과의 융합을 꾀한 독특한 번역서이다. 그래서 장자는 물론 머튼 자신의 사상을 알 수 있는 책이라 할 수 있다.

3

고독을 노래하다

혼자 있는 시간이야말로
내가 나를 돌보는 시간
여럿 속의 삶을
더 잘 살아내기 위해
고독 속에
나를 길들이는 시간이다

— 이해인, 〈고독을 위한 의자〉

마루야마 겐지(丸山健二, 1943-)[1]는 고독을 이길 힘이 없다면 문학을 목표로 할 자격이 없다고 한다. "가장 위태로운 입장에 서서 불안정한 발밑을 끊임없이 자각하며 아슬아슬한 선상에 몸으로 부딪치는 그 반복이 순수문학을 하는 사람의 자세"(『소설가의 각오』)이기 때문이다. 그에게 문학은 위태롭게 버텨 내야 하는 고독한 작업이었던 듯하다.

그럼에도 고독을 한 번쯤 읊지 않은 시인이 없을 정도로 많은 시인이 앞다투어 고독을 노래했다. 시(詩)가 사유의 고통 속에서 피어나는 꽃이라면, 그들이 고독에 경도되는 것은 오히려 당연하다 하겠다.

박인혜는 자작시 〈고독〉에서 고독이 "하나의 인간임을 알게 해 준다"고 하면서, 고독이란 "무엇이든 닿고 싶고/닿으면/빛으로/변화시키고 싶은/하나의 불꽃"이라고 노래한다. 고독은 사유 저편에 어둡게 웅크리고 있던 존재를 진리의 빛으로 인도한다는 것이다.

고독을 노래한 시인은 수없이 많으나, 여기서는 릴케와 윤동주의 고독에 대하여 알아보기로 한다. 그들은 기꺼이 고독으로 나아갔고, 처절한 침묵 속으로 자신을 밀어 넣었던 대

1 마루야마 겐지는 1966년 『여름의 흐름』으로 『문학계』의 신인문학상을 수상한 데 이어 일본문학사상 최연소로 아쿠타가와상을 수상했다. 주요 작품으로 『물의 가족』, 『혹성의 샘』, 『천년 동안에』 등이 있다.

표적 시인이다. 그들이 고독으로 '닿고 싶고, 닿으면 빛으로 변화시키고 싶었던 것'은 무엇이었을까?

(1) 릴케

고독이 뿜어내는 숨결은 우리를 에워싸고 있으며,
그의 혈관에서 흐르는 피의 고동 소리는
가까운 곳에서 들려오는 파도 소리와도 같이
우리의 정적을 온통 뒤흔들고 있습니다.
고독은 우리의 어두운 밤길을 비춰 주는 별빛입니다.

—릴케, 〈고독〉

고독의 끝 모를 바닥을 서성이며 삶의 아픔을 기꺼이 고독으로 품었던 사람, T.S. 엘리엇과 함께 20세기 최고의 시인으로 평가받는 라이너 마리아 릴케(Rainer Maria Rilke, 1875-1926)는 수많은 시와 수필에서 고독을 예찬한 대표적인 '고독의 시인'이다. '무릇 예술 작품들이란 한없는 고독감에서 탄생한다.'는 신념처럼, 그는 자신을 끝없는 고독 속으로 침잠시킴으로써 무한한 에너지를 끌어내고 그 창조적 힘으로 시어(詩語)를 조각했다. 유명한 『말테의 수기』 역시 노르웨이의

한 고독한 시인을 모델로 썼다고 하지만, 실상은 자신의 처절한 고독에 대하여 쓴 육필 자서전이다. 그는 영혼의 깊이는 고독에 의해 드러나며, 그것이 삶과 문학의 가치를 좌우한다고 보았다. 그리고 고독을 찾아 정처 없는 방랑을 하였다. 시인 문정희가 그의 삶을 '고독, 방랑, 사랑'으로 압축한 것은 정확한 평가였다.

릴케의 고독을 알아보기 위해 먼저 시작(詩作)에 관한 그의 생각을 알아보기로 하자.

그는 카푸스로부터 자신의 시를 평해 달라는 부탁을 받고 다음과 같은 내용으로 답한다.

> 예술작품은 남의 비평이 하등 문제 되지 않는다. 그것이 시의 가치를 결정하는 것은 더더욱 아니다. 문제는 자신의 내면으로 얼마나 침잠해 들어갔느냐 하는 것이다. 시를 쓰려는 욕구가 내면 깊숙한 곳에 뿌리내리고 있다는 확신이 든다면 그때 시를 써라. 내적 필연성에서 이루어졌느냐 아니냐가 예술 작품의 우열을 가리는 기준이다. 따라서 좋은 시를 쓰기 위해서는 오직 단 하나의 방법밖에 없다. 자신 속으로 침잠하는 것, 그것뿐이다.[2]

자기 생명의 근원에서 울리는 자신만의 목소리를 펴 올리면, 그게 바로 시가 되고 예술이 되는 것이다. 그렇지 않은 것들은 모두 모조품에 지나지 않는다.

릴케는 고독이야말로 사유의 결실을 이루게 하는 창조적 원동력이라고 생각했다.

> 모든 것은, 어머니가 배 속에서 다 자랄 때까지 아기를 품는 것처럼, 완전히 무르익을 때까지 품고 있다가 탄생시킵니다. 모든 인상(印象)과 모든 감정의 싹이 완전히 그 자신의 내면 안에서, 어둠 속에서, 말로 표현할 수 없고 무의식의 상태에 있으며 자신의 이성이 결코 이르지 못하는 것 속에서 완성되도록 그대로 내버려 두세요. 그리고 깊은 겸허함과 인내심을 가지고 하나의 새로운 명료함이 탄생되는 순간을 기다리세요. 이것만이 진정 예술가의 삶이라 할 수 있습니다.
>
> —『젊은 시인에게 보내는 편지』 중 세 번째 편지

이 편지에는 그의 시작(詩作)에 왜 고독이 필요했는지 잘 드러나 있다. 하나의 생각이 언어적 사유가 닿지 못하는 깊

2 프란츠 카푸스(Franz Kappus, 1883-1996)는 당시 문학지망생이었는데, 릴케에게 자신의 시를 평해 달라는 편지를 보낸 후 수차례에 걸쳐 편지를 주고받는다. 릴케는 그에게 1903-1908년의 5년 동안 10통의 편지를 썼는데, 『젊은 시인에게 보내는 편지』라는 서명으로 출간되어 있다. 전체 내용을 한마디로 하자면 "시인, 카푸스여, 고독하고, 또 고독하라!"로 압축할 수 있다. 위의 인용문은 그 첫 번째 편지 내용을 요약한 것이다.

은 가슴속에서 발효되어 스스로 드러날 때까지 침묵하며 기다리는 것, 이것이 그가 보는 고독의 위대함이었다. 예술가들에 의하면, 심혈을 기울여 어느 정도 작업한 후에는 반드시 손을 떼고 작품을 홀로 두는 시간이 필요하다고 한다. 그때 작품이 스스로 자기를 펼쳐 나가며, 작가는 그 행로를 따라 그것을 형상화하면 되기 때문이다. 글을 쓰다 보면 '내가 쓰는 것이 아니라, 글이 글을 써 나간다'라는 말도 이런 이유가 아닐까. 우리는 그것을 '신비'라는 말로 표현하지만, 실은 그것은 침묵을 통해 우리 의식의 다른 결인 심층의식이 작동하는 시간이다. 다시 말해, 정말로 작품 스스로가 자기를 전개해 가는 것이 아니라, 우리의 일상적 의식이 아닌 다른 차원의 의식이 열리고, 그 의식에 의해 작품이 이루어지고 있음을 말하는 것이다. 이것이 바로 '침묵(고독)'이 하는 일이다.

릴케에 의하면 시인이 된다는 것은 고독을 벗 삼는 일이며, 고독의 공간을 얼마나 형성하는가에 달려 있다. 예술만이 아니다. 삶 역시 고독으로 넓혀진 내면세계[3]로부터의 체험이 이정표가 되어야 한다고 생각했다.

---

3 릴케는 이를 '세계내면공간(Weltinnenraum)'이라고 표현하는데, 삶과 죽음 그리고 시간과 공간의 차원들이 단일한 통일성으로 응축된 공간의 의미를 갖는다.

릴케가 이처럼 고독을 중시하기까지 깊이 영향을 준 두 사람이 있으니, 오귀스트 로댕(Auguste Rodin, 1840–1917)과 루 살로메(Lou Andreas-Salomé, 1861–1937)가 그들이다.

릴케는 젊었을 때 로댕의 평전을 집필한 적이 있었는데,[4] 평전이 완성된 이후에도 오랫동안 로댕과 친밀한 관계를 유지하며 한때 로댕의 조수가 되기도 했다. 이후 한동안 로댕은 릴케의 감정과 사고를 온통 지배했다. 그가 로댕에게서 받은 영향력은 다음 글에 잘 나타나 있다.

> 창작의 본질에 관한 것을, 창작의 깊이와 영원성에 관한 것을 제가 누구로부터 알게 되었는지 굳이 말씀드려야 한다면, 제가 꼽을 수 있는 이름은 단둘뿐입니다. 그건 바로 지극히 위대한 야콥센[5]과 오귀스트 로댕입니다. 현재 살아 있는 모든 예술가 중에서 로댕에 필적할 만한 예술가는 없지요.
>
> —『젊은 시인에게 보내는 편지』 중 두 번째 편지

4 릴케는 1902년 지인의 소개로 로댕을 만나 1903년 『로댕론』을 완성한다.

5 옌스 페테르 야콥센(Jens Peter Jacobsen, 1847–1885)은 덴마크 티스테드 출생으로, 원래 자연과학도였으나 20대에 결핵에 걸리면서 학문을 그만두고 소설을 쓰기 시작했다. 중편소설 『모겐스』(1872)로 데뷔하여, 장편소설 『마리 그루베 부인』(1876), 『닐스 뤼네』(1880)와 단편소설 『여기 장미가 있었다네』, 『베르가모의 페스트』, 『푄스 부인』이 있다.

릴케에 의하면, 명성을 얻기 전 로댕은 고독했고, 명성을 얻은 후 더더욱 고독해졌다고 한다. 로댕은 지극히 '고독한 조각가'였던 것이다. 로댕 자신도 "내가 고독을 초대하면, 고독은 나를 새롭게 빚어냈다"라고 했으니 그것은 분명한 사실일 것이다. 로댕의 고독은 그를 존경하던 릴케에게로 흘러들었다.

로댕은 번뜩이는 예술적 영감을 강조하던 전통적인 예술과 달리, 사물에 직접 들어가서 보는 듯한 관점에서의 세부 묘사와 뉘앙스 표현에 전념하였다. 릴케 역시 감정이나 영감이 아니라, 침묵과 고독 속에서 마음을 모두 비운 뒤 자연의 대상에 다가가 그것을 엄격하게 파악하고 묘사하는 것이 시를 쓰는 데 필수요건이라고 생각했다. 침묵 속의 울림, 그것이 시가 되고 조각이 되어야 한다. 이때 비로소 자기만의 창조적 작품이 완성되는 것이다. 시는 자연을 언어로 조각하는 것이라는 생각을 하게 된 것이 이즈음이다. 그는 사물을 보는 새로운 시각, 즉 물리적 대상에서 조형적인 본질을 포착하고자 시도한 '사물시(Dinggedicht)'라는 새로운 영역을 개척하기도 하는데, 이 모든 것들이 로댕으로부터 배운 것이었다. 릴케와 로댕 모두, 영혼의 깊이를 드러내는 게 예술가의 사명이라면, 그것을 가능하게 하는 것은 '고독'이라고 생각했다.

로댕에게서 창작의 필수요건으로서의 고독을 배웠다면, 고독이 그의 몸에 실제적 형태로 자리 잡기 시작한 것은 한 여인을 사랑하면서부터라고 할 수 있다. 그 사랑의 대상은 소위 '천재들의 연인'으로 불리는 '루 살로메'였다.

"내 눈을 감기세요, 그래도 나는 당신을 볼 수 있습니다. / 내 귀를 막으세요, 그래도 나는 당신 말을 들을 수 있습니다."로 시작되는 〈내 눈을 감기세요〉라는 유명한 시는 바로 루 살로메에게 바치는 간절한 사랑의 연가다. 그가 그녀를 얼마나 사랑했는지 더 이상의 말이 필요 없으리라. 그러나 처음 본 순간 벼락을 맞은 듯 반해 버린 그녀와의 사랑이 여의치 않자, 그는 걷잡을 수 없이 고독 속으로 빠져들었다.[6]

그녀에 대한 릴케의 사랑은 너무나 격정적이어서 베르테르를 연상케 한다. 그러나 다행이라고 해야 할까, 베르테르와 달리 릴케는 그녀 덕분에 시인으로서의 재능을 널리 떨치게 된다. 그의 시를 처음 읽은 것은 항상 루 살로메였고, 읽

6 릴케는 21살에 15살 연상의 루 살로메(Lou Andreas Salomé, 1861–1937)를 만나 수년간 교제했는데, 그녀를 열렬히 사랑한 것은 릴케만이 아니었다. 니체를 비롯한 많은 남자가 그녀를 흠모했다. 그녀와 사랑을 나눈 릴케, 니체, 파울 레에(Paul Reé), 프로이트 등의 면면을 보건대, 그녀는 아마 '고독'을 사랑했고, 그 고독의 해답을 '무의식'에서 찾은 것이 아니었을까! 여하튼 만나는 남자마다 그녀의 미모와 지성에 빠져들었다. 철학자 파울 레에와 프로이트의 제자 타우스크는 그녀와의 이별을 못 견디고 끝내 스스로 목숨을 끊기까지 했다.

은 후에는 서로 많은 의견을 교환했다. 높은 완성도를 보이는 성숙한 시의 대부분은 그녀와의 만남 이후 발표된 것이다. 릴케에게 르네(René)라는 이름 대신 남성적 느낌이 강한 라이너(Rainer)라는 필명으로 바꾸도록 권유한 것도 그녀였다. 그녀에 대한 그의 사랑은 고독을 지나면서 점차 육체적 사랑에서 그녀의 모성성에 대한 사랑으로 변화하고, 서로의 힘을 북돋아 주는 관계로 발전한다. 그의 사랑은 고독을 통해 승화되었던 것이다.

에리히 프롬은 『사랑의 기술』이라는 책에서 사랑하기 위해서는 고독, 나아가 명상할 것을 권한다. 내면 깊이 잠들어 있는 영혼을 깨워야만 비로소 모든 순간을 조건 없이 사랑하고, 그런 뒤에야 타인을 진정 사랑할 수 있기 때문이다. 릴케 역시 깊은 고독은 가장 승화된 사랑에 비견될 수 있다고 보았다. 모두 신비를 살아내고 체험하는 일이기 때문이다. 그에게는 '사랑'도 '고독'이었던 것이다. 이는 카푸스에게 보낸 다음 편지에 잘 나타나 있다.

> 고독하다는 것은 좋은 일입니다. 고독이란 어렵기 때문이죠. 그것이 어렵다는 사실만으로도 우리가 고독해야 할 충분한 이유가 되지 않을까요? 사랑한다는 것 또한 좋은 일입니다. 사랑은 어렵기 때문입니다. 인간과 인간이 서로 사랑한다는 것, 그것은

우리에게 부과된 가장 어려운 일일지도 모릅니다. 그것은 궁극적인 마지막 시련이고 시험이며 과제입니다.

—『젊은 시인에게 보내는 편지』 중 일곱 번째 편지

사랑은 개인이 자기 내부에서 세계가 되며, 자기 자체로서 타인을 위해 하나의 세계가 될 숭고한 계기임과 동시에 자기에 대한 크나큰 요구이고, 자기를 뽑아내어 보다 넓은 곳으로 불러내는 그 무엇입니다. 사랑은 오랜 세월을 두고 인생의 내부까지 깊이 파고드는 고독이며, 사랑하는 자를 위해서는 승화되고 심화된 독거입니다.

—『젊은 시인에게 보내는 편지』 중 세 번째 편지

수많은 사람이 사랑을 하고, 이루어지지 않는 사랑에 고뇌한다. 그렇다고 모두 고독에 빠지는 건 아니다. 깊은 사랑이란 한 사람을 사랑하는 것이 아니다. 그녀를 둘러싼 한 세계를 사랑하는 것이며, 그녀의 눈으로 세계를 바라보는 것이다. 그렇다면 사랑을 통해 고독에 빠지는 건 실은 한 세계에 대한 깊은 고뇌인 것이다.

그래서 사랑은 어려운 일이다. 상대보다 우위에 서려 하거나 상대에게 예속되려는 사람은 사랑할 수 없다. 사랑은 '나'와 상대가 하나가 되면서도 동시에 둘로 남는, 비움과 고독이 생생하게 살아 숨 쉬는 행위이기 때문이다. 릴케는 한 여인의 세계와 온 영혼으로 조우했던 것 같다. 그의 고독이 끝모를 깊은 바다 같았음을 봐서는.

그에게 있어 고독은 바다에서 시작된다. 그 망망한 대해, 드넓은 공적(空寂)이 바람과 파도의 울부짖음을 삼켜 침묵으로 토해 내는 바다가 아니고서 감히 어디서 고독이 시작되겠는가. 그래서인가, 바다를 보고 있노라면 언제나 깊은 고독이 느껴진다. 파도가 일렁이고 물결이 일수록 고독은 깊어진다. 하물며 밤바다의 고독이야 말해 무얼 하랴.

바다는 고독을 만물에 흩뿌리기 위해 비가 되려는 열망을 품는다. 비만큼 고독의 파편으로 맞춤한 것이 어디 또 있겠는가. 그러나 비가 되기 위해서는 하늘과의 협업이 필요하다. 그래서 바다는 수증기가 되어 하늘로 오른다. 그러고는, 방울방울 고독을 품은 수증기는 비가 되어 세상 골목골목에 고독의 씨앗을 퍼붓는다. 빗물은 만물을 고독으로 적시고 고독의 강물을 이루어 대지를 흐른다. 그리고 다시 바다로 모여든다. 하늘과 땅과 바다, 그리고 거기에 깃들어 사는 생명들, 고독은 그렇게 만상을 휘감고 순환한다. 그렇게 고독은 모든 존재에 자신을 아로새겨 놓았으니 인간이 어찌 고독하지 않을 수 있겠는가. 고독! 그것은 비처럼 쏟아져 내려, 한 세계와 온몸으로 부딪쳐 피어난다. 그는 다음과 같이 고독을 노래하고 있다.

고독은 비와도 같은 것
저녁을 찾아 바다에서 오른다.
멀고 먼 외진 들녘에서
언제나 고독을 품고 있는 하늘로 옮겨 갔다가
하늘에서 비로소 도시에 내린다.

낮과 밤이 뒤엉킨 시각, 고독은 비가 되어 내린다.
모든 골목들이 아침을 향할 때,
아무것도 찾지 못한 몸뚱어리들이
실망과 슬픔에 서로를 놓아줄 때,
서로 미워하는 사람들이
한 침대에서 자야 할 때,
고독은 강물이 되어 흐른다.

—〈고독〉

앞서 말했듯 고독이 쉬운 일은 아니다. 그러나 고통스럽기에 고독은 위대하다. 자연의 모든 것들은 어려움을 극복해야만 자기 자신의 고유함을 지닐 수 있기 때문이다. 그가 말하는 '어려움'은 육체적으로 힘들거나 지적으로 풀어내기 힘든 난해한 문제에 힘들어하는 것을 의미하지 않는다. 우리를 내면으로 이끌어 자신의 고유함, 즉 본래의 자기 자신을 만나고, 그것을 현실 속으로 펴 올리는 모든 일을 말한다. 우리는 생각하는 존재이며, 의식 없이 살아갈 수 없다. 그래서 우리는 끊임없이 분석하고, 그 결과에 따라 판단하고 행위한다. 그러나 그 '생각'은 있는 그대로의 실재를 왜곡한다. 나누고 쪼개어 구분하는 에고의 활동이기 때문이다. 생각을 놓아버리는 것만이 해결책이지만, 힘껏 움켜쥐고 있던 것을 놓아버리는 것, 이는 도대체 얼마나 어려운 일이던가. 이를 위해 홀로 고독에 잠긴다는 것은 또 얼마나 어려운가.

그에 의하면 삶은 '살아지는 것'이다. 그런데 우리는 '살려고' 아등바등한다. 그때마다 삶은 오히려 우리에게서 멀어져 간다. 삶이 '살아지기' 위해서는, 매 순간 삶이 제공하는 완전히 새롭고 생경한 것들을 그 자체로 경험해야 한다. 다시 말해 있는 그대로의 세상과 만나야 한다. 이를 위해서 우리는 이제까지 붙들고 있었던 허망한 틀을 과감히 던져 버릴 수 있어야 한다. 그러나 우리는 우리 자신과 하나가 되어 너울대는 세상을 우리의 분별적 지식으로 갈기갈기 찢어 놓았다. "우리는 세월을 헤아려 여기저기에 / 단락을 만들고, 중지하고, 또 시작하고…"(《존재의 이유》), 그러고는 그 사이에서 어물거리며 고통스러워한다. 그러나 그 틀을 버리기란 여간 어려운 게 아니다. 그래서 삶이란 어려운 것이다.

도대체 산다는 것이 무엇인가? 삶은 이해되거나 측량할 수 없는 것이다. 그가 고독을 그렇게 예찬한 것도, '고독이란 이해로부터 멀어지는 것'이고, 결국 '나' 자신과 만날 수 있기 때문이었다.

릴케는 카푸스에게 보낸 편지에서 다음과 같이 말한다.

위대함을 지니지 않은 고독이 과연 고독이라고 할 수 있을까요? … 고독의 성장은 소년들의 성장처럼 고통스럽고, 해마다 찾아오는 봄들의 시작처럼 슬프기 때문이지요. 하지만 그런 것에 흔들리지 마십시오. 진실로 필요한 것은 딱 한 가지밖에 없습니다. 그건 바로 고독, 내면의 위대한 고독입니다.

—『젊은 시인에게 보내는 편지』 중 여섯 번째 편지

그래서 그는 〈고독〉이라는 수필에서 절규하듯 외친다.

고독이 뿜어내는 숨결은 우리를 에워싸고 있으며, 그의 혈관에서 흐르는 피의 고동 소리는 가까운 곳에서 들려오는 파도 소리와도 같이 우리의 정적을 온통 뒤흔들고 있습니다. 고독은 우리의 어두운 밤길을 비춰 주는 별빛입니다.

삶이란 고독을 연료로 타오르는 불빛이런가! 그는 사람들이 부디 고독이 만들어 내는 고통을 아름답게 울리는 비탄으로 견뎌 내길 진정 바랐다.

릴케의 고독을 말하면서 절대 빼놓을 수 없는 시가 있다. 그의 최고의 걸작이라 일컬어지는 〈가을날〉이다. 이 시에서 그는 인간의 근원적 '고독'을 웅장한 언어로 노래하고 있다.

주여, 때가 왔습니다. 여름은 참으로 위대했습니다.
해시계 위에 당신의 그림자를 얹으시고
들녘엔 바람을 풀어놓아 주소서.
마지막 과실들을 익게 하시고
이틀만 더 남국의 햇볕을 주시어
그들을 완숙케 하여
마지막 단맛이 진한 포도주 속에 스며들게 하소서.

지금 집이 없는 사람은 이제 집을 짓지 않습니다.
지금 고독한 사람은 이후에도 오래 고독하게 살면서
잠자지 않고, 읽고, 그리고 긴 편지를 쓸 것입니다.
바람이 불어 나뭇잎이 날릴 때, 불안스레
이리저리 가로수 길을 헤맬 것입니다.

수확의 계절 가을. 오랜 노동의 위대함이 풍성한 결실을 맺는 계절. 릴케는 이 가을의 수확을 고독과 대비·등치시켜 '고독의 위대함'을 노래한다. 남국의 햇볕과 바람이 마지막 결실을 재촉하는 시간, 인간은 고독의 심연으로 침잠한다. 인간의 근원적 방황과 불안, 그러나 그것은 두렵거나 무의미한 것이 아니다. 깊이 내면으로 하강하는 고독을 통해 생명의 충일함이 이루어진다. 마치 신의 바람과 햇볕으로 달콤한 과육으로 익어 가는 과일처럼. 세상을 사랑하는 신의 위능은 우리 안에 깃들어 있고, 그것은 고독을 통해 드러난다. 그에게 고독은 '기도'와 같은 것이었다. 결국 〈가을날〉은 수확의 계절 가을을 보티브로, 고독의 창조적 생산성을 노래하고 있는 것이다. 제목은 〈가을날〉이지만 실은 '고독'을 노래하는 시다. 가을이라는 계절을 택한 것은 가을이 결실의 계절이기 때문이다. 그 결실은 인간에게 있어 '고독'을 통해 이루어진다.

그의 고독은 깊어지면서 관조(명상)로 나아갔다.

관조(觀照)란 언어적 생각을 끊은 고요한 마음으로 사물과 현상을 대하는 것을 말한다. 이때 대상의 '있는 그대로'의 실제 모습이 드러난다. 동시에 본래의 자기도 모습을 드러낸다. 심층의식이 활성화되기 때문이다. 릴케는 관조 상태의 경험을 〈체험〉이라는 수필에서 다음과 같이 묘사하고 있다.

파도가 몰아치는 높은 언덕에 우뚝 선 성안의 정원에서 책 한 권을 들고 걷다가 관목의 벌어진 가지 사이에 몸을 기댔다. 그러자 풍요롭고 평온한 느낌이 찾아와 완전히 자연 속으로 녹아들었다. 책 읽는 것도 잊고, 무의식이라 할 수 있는 관조의 세계를 떠다녔다. 모든 대상이 한층 멀어지면서 동시에 한층 진실한 모습을 드러냈다.

이런 체험은 한 가지 일에 집중하여 자신도 모르게 분별적 사고에서 벗어나는 순간 일어난다. 이 순간 내외합일(內外合一), 주객미분(主客未分)의 세상으로 홀연히 넘어가는 것이다. 모든 것이 혼연일체가 된 세상, 보는 자와 보이는 자의 경계가 사라진 상태. 아마도 우리의 '머릿속 목소리'가 커지기 전에는 일상으로 체험했던 세상이 아니었을까?

(2) 윤동주

> 하로의 울분을 씻을 바 없어 가만히 눈을 감으면
> 마음속으로 흐르는 소리,
> 이제,
> 사상(思想)이 능금처럼 저절로 익어 가옵니다.
>
> —윤동주, 〈돌아와 보는 밤〉

우리나라에서 '고독의 시인' 하면 가장 먼저 윤동주(尹東柱, 1917-1945)가 떠오른다. 동그랗고 화사한 얼굴의 윤동주. 여리게만 보이는 모습으로 혹독한 시대를 살아야만 했던 그의 운명 때문일까, 윤·동·주라는 이름의 사이사이에는 고독의 그림자가 진하게 끼어 있다.

윤동주는 전 생애를 일제 강점기에 살았다. 특히 그가 시작(詩作) 활동을 하던 시기는 일제의 끝 무렵으로, 제국주의의 패망을 직감한 일제가 이른바 '내선일체'를 이루고자 그 어느 때보다 악랄하게 우리 민족을 유린하던 시기였다. 이 시기를 살아내는 내내 그는 심한 내적 갈등에 시달렸다. 적극적으로 독립운동에 뛰어들지도 못하고, 그렇다고 무관심으로 살 수도 없는 딜레마에서 늘 고뇌했다. 물론 누구보다 조국을 사랑했고, 독립의 그 날을 갈망했다. 그러나 직접 행동으로 옮기지 못하는 죄책감이 늘 그를 괴롭혔고, 그럴수록 자신의 우유부단함을 냉엄히 질책했다. 더욱이 고종사촌이자 가장 친했던 송몽규가 독립 쟁취를 위한 적극적 행동파였으니 그만큼 갈등도 컸으리라. 그는 시 안에서조차 직접 반항하지 못하고 은유적으로만 저항하였다. 물론 은유가 직유보다 폭발력이 떨어지는 것은 아니지만, 여린 그의 생각으로는 미진하다고 생각했던 것 같다.

그렇다고 그의 시를 온통 저항시로만 해석하려 드는 것은 오히려 그의 폭넓은 사색을 왜소화시켜 버리는 것이다. 물론 그는 민족의 어려운 상황을 염려하였지만, 그 전부터, 아니 태생 자체가 실존적 인간이었다. 18세 어린 나이에 "삶은 오늘도 죽음의 서곡(序曲)을 노래하였다"[7]라고 의미심장한 화두를 던지고 있지 않은가! 일찍부터 그의 가슴에는 인간 존재의 유한성에 대한 실존적 불안이 강하게 자리하고 있었던 것이다. 이 불안에서 벗어나고 극복하려는 고투가 이후 그의 시의 골격을 이루고 있다. 더구나 윤동주가 가장 흠모하던 시인은 '고독의 시인' 릴케였다. 당연히 그의 시는 릴케의 시가 지향하는 곳과 나란했고, 그의 고독 역시 릴케의 고독에서 많은 영향을 받았다. 그는 조국의 상황 이전에 이미 불안

7 〈삶과 죽음〉이라는 시의 한 구절이다.

과 고독을 배경처럼 깔고 있는 실존적 시인이었다.[8] 그것이 그가 시를 짓게 만드는 근원적 힘이었다. 거기에 일제의 강점이라는 시대적 불운이 덧대어져 그를 깊은 '고독' 속으로 끌고 들어갔던 것이다.

그의 실존적 경향이 보이는 초기 시 몇 편을 소개한다.

내 마음의 탑(塔)
나는 말없이 이 탑(塔)을 쌓고 있다
명예(名譽)와 허영(虛榮)의 천공(天空)에다
무너질 줄도 모르고
한 층 두 층 높이 쌓는다

— 〈공상(空想)〉, 1935

명예와 허영은 실존적 삶의 가장 큰 화두라고 할 수 있다. 아무리 반성하고 성찰해도 내면에서 싹터 오는 명예와 허영, 꺼지지 않는 탐욕에 고뇌하는 어린 시인! 이미 그의 마음은 실존적 불안과 갈등으로 가득 차 있었음을 알 수 있다.

8 윤동주는 실존주의의 선구자 키르케고르의 서적을 탐독하였다. 문익환은 윤동주와 방학 때 만나서 키르케고르와 릴케에 대해 많은 이야기를 나누었는데, 키르케고르에 대한 그의 이해가 신학생인 자기보다도 훨씬 높은 데 놀라지 않을 수 없었다고 술회하고 있다. "방학 때 우리(문익환, 윤동주, 송몽규)의 입에 많이 오르내린 이름이 키르케고르와 릴케였다."(《내가 아는 시인 윤동주 형》 중에서)

소리 없는 북,
답답하면 주먹으로
뚜드려 보오

그래 봐도
후—
가-는 한숨보다 못하오

—〈가슴 1〉, 1936

실존적 갈등, 그 갈등에 답하지 못하는 마음(소리 없는 북)의 고뇌가 극적으로 그려져 있다. 삶의 고뇌가 얼마나 깊고 풀리지 않았으면 주먹으로 가슴팍을 두들겨도 후— 하고 내쉬는 가는 한숨보다 못하겠는가. 그 답답함은 같은 해에 쓴 〈종달새〉에서도 보인다. "고기 새끼 같은 나는 헤매나니 / 나래와 노래가 없음인가 / 가슴이 답답하구나." 날개와 노래가 없다는 것은 자유의 결핍을 말하는 것이니, 그의 '답답함'은 자유를 향한 열망에서 비롯된 것임을 알 수 있다. 어릴 때부터 그가 극도의 실존적 갈등 속에서 시대를 보내고 있었음도 알 수 있다. 그의 시심 속에는 기본적으로 풀 길 없는 실존적 삶의 문제가 한가득 들어 있었다. "잎새에 이는 바람에도 괴로워"할 만큼 그의 여린 마음이 근원적 불안에 더욱 예민하게 반응하였고, 일생 이 문제의 해결을 안고 씨름했다.

내면에 대한 응시와 성찰이 본격적으로 깊이 있게 표현된 작품으로 "산모퉁이를 돌아 논가 외딴 우물을 홀로 / 찾아가선 가만히 들여다봅니다"로 시작되는 〈자화상〉을 들 수 있겠다. 순간마다 선택과 결단을 강요받는 실존의 불안, 거기에 기름을 퍼부었던 일제 강점기. 때는 일제의 민족말살정책이 강압적 창씨개명으로 극을 달리던 시대였다. 산모퉁이의 외딴 우물을 '홀로' 찾아가 들여다본다는 것은, 홀로 고독에 잠겨 내면을 들여다보고 있음을 은유적으로 표현한 것이리라. '우물'은 다른 작품에 자주 보이는 '방'과 함께 고독 속에서 내적 성찰이 이루어지는 지점을 상징한다. '들여다본다'는 것은 내면의 성찰을 말하니, 결국 이 시는 '고독한 자기성찰'을 노래한 것이다. 세속적 가치관에 휘둘려 살아가는, 게다가 독립에의 갈망을 행동으로 보여 주지 못하는 자신이 미워서 쌩하니 돌아섰고, 가여워 다시 가 봐도 그대로인 자신이 더없이 미웠지만 그래도 연민을 느끼는 마음. 그 갈등은 고독의 씨앗으로 그의 내면에서 점점 커져만 갔다.[9] 자신에 대한 사랑, 연민, 미움이 다층으로 어지러이 얽혀 있음을 알

9 1939년 에 쓴 〈자화상〉의 "돌아가다 생각하니 그 사나이가 가엾어집니다. / 도로 가 들여다보니 사나이는 그대로 있습니다. // 다시 그 사나이가 미워져 돌아갑니다. / 돌아가다 생각하니 그 사나이가 그리워집니다." 부분 참조.

수 있다. 이러한 갈등은 그를 고독 속으로 밀어 넣었다. 그런데 그 '머뭇거리는 고독' 속에서 존재 자체와 독립을 향한 그의 진심 어린 열망은 오히려 깊은 울림을 준다. 한 자 한 자, 한 구절 한 구절이 간절함으로 가득하다.

시를 통해 그의 삶을 추적하건대, 초기에는 일상을 벗어난 무한한 자유를 추구하였으나 '무한성'에 대한 절망을 겪는다. 이후, 현실로 눈길을 돌렸지만 거기서도 인간 존재의 불안한 모습만 볼 수 있을 뿐이었다. 이 시기에 자신의 모습을 반추해 보는 것이 바로 이 〈자화상〉이다. 이러한 불안과 절망은 〈팔복(八福, 1940)〉이라는 시에서 절정에 달한다. "슬퍼하는 자는 복이 있나니 / (같은 문장이 7번 더 반복됨) / 저희가 영원히 슬플 것이오." 숨쉬기조차 힘들 것 같은 긴장감이 잔뜩 서려 있다.

불안과 절망 속에서도 자기 자신을 찾으려는 그의 지난한 노력은 계속된다.

1941년에 쓴 〈길〉이라는 시에서는,

잃어버렸습니다.
무얼 어디다 잃었는지 몰라
두 손이 주머니를 더듬어
길에 나아갑니다.

돌과 돌과 돌이 끝없이 연달아
길은 돌담을 끼고 갑니다.

…

풀 한 포기 없는 이 길을 걷는 것은
담 저쪽에 내가 남아 있는 까닭이고,

내가 사는 것은, 다만,
잃은 것을 찾는 까닭입니다.

라고 노래하고 있다. 이것을 보면 그가 '거짓 나'를 버리고 '본래의 나'를 찾으려 오랜 시간 헤매고 다녔음을 분명히 알 수 있다. '풀 한 포기 없는' 황량한 이 삶을 그래도 꾸역꾸역 살아가는 것은, 바로 저쪽에 어떤 것에도 흔들리지 않는 잃어버렸던 '참된 나'가 있음을 믿었기 때문인 것이다.

1942년에 쓴 〈참회록〉의 "어느 운석(隕石) 밑으로 홀로 걸어가는 슬픈 사람의 뒷모양"에서 그의 고독은 절정을 향한다. "밤이면 밤마다 나의 거울을 손바닥 발바닥으로 닦아" 내는 피나는 고독의 행군이지만, 그럼에도 불구하고 그는 아직 자신을 찾지 못한 채 불안과 절망 속에서 헤매고 있다. 일제의 강압에 못 견뎌 결국 '히라누마 도쥬(平沼東柱)'로 개명하는 신청서를 내기 5일 전에 쓴 '참회록'이니만큼, 자신에 대한 갈등과 연민의 모습이 처절하게 그려져 있다.

키르케고르에 의하면, 인간의 절망이 극단까지 이르러서야 비로소 그것을 극복하려는 진지한 결단을 내리게 된다고 한다. 윤동주 역시 극한 절망의 늪에 빠지고 나서, 서서히 무한과 유한, 가능과 필연의 통합을 모색하는 단계에 들어선다. 그런 노력의 사투 속에서 드디어 결실을 이루어 낸다. 〈돌아와 보는 밤〉을 보자. 이 시는 연희전문학교 졸업반 전반기의 끝 무렵에 쓴 시로, 그의 시가 성숙해 가던 시기의 작품이다.

세상으로부터 돌아오듯이 이제 내 좁은 방에 돌아와 불을 끄옵니다. 불을 켜 두는 것은 너무나 피로롭은 일이옵니다. 그것은 낮의 연장(延長)이옵기에 —

이제 창(窓)을 열어 공기(空氣)를 바꾸어들여야 할 텐데 밖을 가만히 내다보아야 방(房)안과 같이 어두워 꼭 세상같은데 비를 맞고 오던 길이 그대로 비 속에 젖어 있사옵니다.

하로의 울분을 씻을 바 없어 가만히 눈을 감으면 마음속으로 흐르는 소리, 이제, 사상(思想)이 능금처럼 저절로 익어 가옵니다.

—〈돌아와 보는 밤〉, 1941. 6. 13.

'세상에서 좁은 방으로 돌아와 불을 끈다'는 것은 고독에 들기 위해 세상사의 스위치를 꺼 버린 모습을 묘사한 것이다. 생각(에고)을 끊는다는 의미인 것이다. 초기의 고독이 사념이나 결단을 위한 고독이었다면, 이제 그의 고독은 서서히 생각을 끊고 침묵 속으로 침전하는 형태로 깊어지고 있다. 한 단계 성숙한 것이다. '세상'은 불안이 넘실대는 곳, 기존의 가치관으로 칼날처럼 예리하게 분석하고 가치의 우열을 재며 살아가는 현실 세계이다. 그곳은 모든 것에 명쾌하게 선을 긋고 피아를 구분하는 '낮처럼 밝은 세상'이다. 그런 세상에서 얼마나 지치고 힘들었으면 극심한 피로를 토로하고 있을까. 그 울분을 참을 수 없어 자기만의 장소인 '방'에 돌아와 가만히 눈을 감는다. 소란한 세상과 단절하여, 깊은 침묵의 고독으로 하강하는 것이다. 그러자 마음속 내면에서 흐르는 소리가 들린다. 이것은 '에고'와는 전혀 다른, 고요 속에서 울리는 본래 자기의 속삭임이다. '나'의 심층의식이 활성화되고 있는 것이다. 고독의 효력이다. 드디어 하나의 사상이 능금처럼 익어 간다. 고독을 통한 절대 고요 속에서 '있는 그대로'의 실재가 모습을 드러낸 것이다. 무(無)와 허(虛)의 시공을 부드럽게 유영하는 시인의 모습이 눈에 선하다.

고독을 통해 '사상이 저절로 익어 가'는 경험 끝에 〈쉽게 씌어진 시〉에서 드디어 자신과 화해하고, 존재와의 위대한 합일을 이루어 낸다. 본래 자신을 찾은 것이다! 비록 짧은 생애였으나 아름다운 결말이라 하지 않을 수 없다. 혹, 자신의 죽음을 예견한 그가 서둘러 화해한 것일지도 모르겠다(이 시는 1942년 6월 3일에 쓴 것으로, 그의 마지막 작품이다).

창밖에 밤비가 속살거려
육첩방(六疊房)은 남의 나라

시인이란 슬픈 천명(天命)인 줄 알면서도
한 줄 시를 적어 볼까

땀내와 사랑내 포근히 품긴
보내 주신 학비 봉투를 받아

대학 노-트를 끼고
늙은 교수의 강의 들으러 간다.

생각해 보면 어린 때 동무를
하나, 둘, 죄다 잃어버리고

나는 무얼 바라
나는 다만, 홀로 침전(沈澱)하는 것일까?

인생은 살기 어렵다는데
시가 이렇게 쉽게 씌어지는 것은
부끄러운 일이다.

육첩방은 남의 나라
창밖에 밤비가 속살거리는데

등불을 밝혀 어둠을 조금 내몰고
시대처럼 올 아침을 기다리는 최후의 나

나는 나에게 적은 손을 내밀어
눈물과 위안으로 잡는 최초의 악수.

다다미 6장의 작은 육첩방(고독의 체험 장소)에서, 이곳이 남의 나라임을 확인시키는 속살거림이 들려온다. 자신의 현재 처지에 대한 슬픈 자화상이다. 어디선가 그가 즐겨 불렀다는 〈내 고향으로 날 보내주〉의 노랫소리가 들려오는 듯하다. 비가 축축이 내려 다다미는 물기를 흠뻑 먹고 있을 테니 한층 을씨년스럽다. 남의 나라, 그것도 조국을 강점한 나라까지 와서는, 소중한 학비로 열의도 없는 교수의 수업이나 들으러 다니는 현실적 자신과의 갈등이 심화된 모습이다. 갈등은 이런 어려운 시대에 '쉽게 씌어지는' 시로 절정을 향한다. "나는 무엇을 바라고 이 먼 나라까지 와서 홀로 침전하고 있는 것일까?" 갈등과 고뇌 속에서 깊은 침묵의 세계로 내닫고 있는 시인! 고독 속에서 무언가 새로운 결심을 예비하고 있음을 언뜻 보여 준다. 드디어 조금씩 어둠이 걷히고 시대적 아침이 오고, 감격의 눈물과 자신에 대한 위로로 내·외의 합일인 '최초의 악수'가 이루어진다. 완전하지는 않지만, 실존의 갈등과 불안이 극복되기 시작한 것이다. 세속적 자아의 마음(에고)이 사라지고 침묵에 잠길 때 우리 마음은 본래 마음으로 옮겨 간다. 이는 고독을 통해 에고를 비워 낼 때 이루어지는 결실이다. 어린 나이에 세상을 떠난 비운 탓에 그의 사유가 농익고, 실존적 불안과 갈등이 온전히 해결되지는 못했을지라도, 〈돌아와 보는 밤〉에서 익어 가던 그의 사색이 〈쉽게 씌어진 시〉에서 자아와의 극적 만남을 이루었으니 그나마 아쉬움을 달랠 수 있을 것 같다. 〈자화상〉 이후 〈길〉을 거쳐, 아니 훨씬 이전부터 찾아 헤매던 '본래 자신'과의 최초의 해후다. 이제 지금까지의 '거짓 나', '세속적 자아'는 엄숙하게 새 자아를 기다리며 자신의 종말을 고한다. 최후의 나, 그리고 새로운 나를 향한 최초의 악수! 비장하고 엄숙한 깨달음의 장면이다.

4

고독을 노닐다 — 동양의 고독

그저 좋아하는 것을 하고 있을 때
인간은 자유롭지 않다.
인간은 오직 내면 가장 깊은 곳의,
자기가 좋아하는 것을 할 때만 자유롭다.
그리고 내면 가장 깊은 곳의 자기에
도달하는 길이 있다.
그것은 뛰어드는 것이다.

— 로런스(D. H. Lawrence)

앞에서 실존주의적 사고를 가진 사람들의 '고독'에 관해 알아보았다. 동양 전통사상의 영향을 강하게 받았던 실존주의가 보편적 인간보다 '한계상황' 속에서 살아가는 현실적 인간에 관심을 기울인 이유가 있다. 동양은 처음부터 그런 인간을 사유의 대상으로 삼았기 때문이다. 이제 장자(莊子)와 붓다(Buddha)를 통해 동양의 고독을 알아볼 차례다. 수많은 사상가 중에 장자와 붓다를 택한 것은, 그들의 사상이 실존주의에 직접적인 영향을 끼쳤기 때문이다.

(1) 장자

> 남곽자기가 (홀로) 탁자에 기대고 앉아 하늘을 우러러 숨을 내쉬는데, 멍하니 그 몸을 잊은 것 같았다. 육체는 말라비틀어진 고목(枯木) 같고, 마음은 식어 버린 재와 같게 되었다. 자기가 말하길 '오늘 나[吳]는 나[我]를 잊어버렸다[喪].
>
> —『장자(莊子)』「제물론(齊物論)」

명마제조기로 유명한 백락(伯樂)이라는 사람이 있었다. 어떤 말이든 그의 손에 들어가기만 하면 천리마가 되어 돌아왔다. 사람들은 "백락이 없으면 천리마도 없을 거"라고 칭송해 마지않았다. 그러나 장자는 그런 세평을 일축하고 다음과 같이 말한다.

백락이라는 자가 말[馬]에 하는 짓을 보라. 인두로 낙인을 찍고 털을 깎아 버리며, 발굽을 깎아 끼우고 굴레를 채울 뿐만 아니라, 갖가지 고삐와 띠로 조여 맨 후 마구간에 가두지 않던가. 이때 이미 열에 두세 마리는 세상을 뜬다. 이에 아랑곳없이 그는 말을 조련한다는 구실로 굶기고 물도 주지 않는다. 말에게 재갈을 물리고 채찍으로 휘갈기며 자기 명령에 복종케 한다. 이런 참혹한 고통을 견디며 겨우 천리마로 거듭나지만, 이미 열에 일곱은 숙은 뒤다. 자고로 말이란 맨 발굽으로 서리와 눈을 밟고, 털로 바람과 추위를 견디는 동물이다. 자유로이 풀을 뜯어 먹고, 마음대로 벌판을 휘젓는 것이 말의 본성이다. 말은 그렇게 태어났다. 그런데 천리마를 만든다는 명분으로 갖은 혹사를 자행하여 말의 본성을 억누를 뿐 아니라 죽게까지 하니, 백락이라는 자는 명마제조기가 아니라 살생의 달인이 아니겠는가. 그러니 백정 백락을 어찌 칭송할 수 있겠는가!

『장자』「마제(馬蹄)」편에 나오는 유명한 이야기다. 실혹 천리마의 쓰임이 있다 해도 모든 말이 그래야 하는 것은 아니다. 그렇게 생각하는 것은 획일적 가치에 매몰되어 있기 때문이다.

사실 동물을 대하는 인간의 행태는 예나 지금이나 별반 차이가 없다. 아니 갈수록 교묘하고 난폭해진다. 자기 기분에 따라 집요하게 괴롭히거나 살생을 서슴지 않는 자들이 심심치 않게 뉴스에 오르내리기도 한다. 위한답시고 갖은 위해를 가하기도 한다.

장자는 '바닷새'의 우화를 들어 익살스럽게, 그러나 신랄하게 이를 비난한다.

> 바닷새가 노나라 수도 근교에 날아와 앉았는데, 이를 상서롭게 여긴 노나라 제후는 이 바닷새를 친히 맞이하여 종묘로 데리고 갔다. 그리고는 잔치를 베풀어 술을 따라주고 (훌륭한) 구소(九韶)의 음악을 들려주었다. 게다가 각종 고기를 상다리가 휘어질 정도로 푸짐하게 차려 대접했다. 그러나 바닷새는 슬퍼 울기만 하다 고기 한 점, 술 한 잔 먹지 못하고 사흘 만에 죽었다.
>
> —『장자』「지락(至樂)」

모든 생명체는 각자 자기에게 맞는 양생(養生)의 길이 있다. 그 길을 인간이 자기 멋대로 정한다면, 그 우매함을 어찌하겠는가.

장자가 이 우화를 통해 정말로 말하고 싶었던 것은, 인간 역시 말이나 바닷새의 신세와 다름없다는 사실일 것이다. 우리는 남이 만들어 놓은 틀에 얽매여 타고난 자기 본래의 본성을 어기고, 오랜 세월 관습으로 굳어진 도덕과 이념 등에 자신을 가둔다. 그러고는 틀에 찍혀 나온 붕어빵처럼 모두 같은 모습으로, 획일적이고 일률적인 인간으로 살아간다. 그 기준에서 벗어나면 무능력자로 낙인찍혀 온갖 조롱과 멸시의 표적이 된다. 그래서 장자는 말한다.

> 내가 말하는 선함이란 세상에서 흔히 말하는 인의도덕(仁義道德)이 아니라, 자연 그대로의 본성에 자신을 맡기는 것이다. … (우리는) 자신에게 내재한 자연스러운 본성에 따라 보지 않고, 상대방의 관점에 휘둘려 대상을 본다. 상대방의 입장에 따라 만족하는 사람은, 남의 만족에 만족하고 남의 즐거움에 즐거워하는 것일 뿐, 자신의 진정한 만족과 즐거움을 알지 못하는 사람이다.
>
> —『장자』「변무(騈拇)」

우리가 원하고 추구하는 것은 사실 내가 원하는 것이 아니다. 남이, 사회가, 국가가 원하는 것을 마치 내가 원하는 것인 양 믿고 있을 뿐이다. 결국, 강제로 주입된 기존의 가치관을 자신의 잣대로 삼아 살아간다. 도덕이 그러하며, 관습이 또한 그렇다. 유행도 거기에 큰 몫을 한다. 이 모든 것이 개개의 다양한 '실존'을 보편적이고 획일적인 인간으로 다듬어 내고는, "보라, 여기 완전한 인간이 있다!"라고 자랑스러워한다. 그러나 자신이 원하는 것을 좇지 않으니, 얻었다 한들 거기에 즐거움이 있을 리 없다. 얻은 순간에만 잠시 기쁠 뿐, 다시 더 큰 욕망의 늪으로 빠져든다. 결국, 평생 욕망을 채우지 못하고, 만족하지 못하는 결핍의 나날을 살아간다. 그와 비례하여 '나'는 사라지고, 자신의 삶을 살아보지도 못한 채 죽음 앞에 선다. 그런 삶 속에 도대체 '나'는 있는가? 내가 '나'로 살지 못하면 그것은 죽은 것과 다름없지 않겠는가. 우리는 개개인의 본성과 소질을 무시하고, 모두 천리마로 만들려는 욕심에 짙게 물들어 있는 것은 아닐까.

이처럼 우리 안에 심어진 기존 틀을 장자는 '성심(成心)'이라 부른다. 쌓이고 쌓여 부지불식중에 습관화된 마음이다. 우리가 보통 '마음'이라 부르는 것은 이것을 가리켜서 하는 말이다. 그러나 이 마음은 '자연'이 아니라 '인위'다. 본래 타고난 것이 아니라 인위적으로 덧대어진 마음이다. 언어적 한계, 힘과 권력, 그리고 전통이라는 미명하에 '나'의 자유로운 판단을 억압하는 왜곡된 가치체계에 속박된 마음이다. 그 마음은 모든 것을 분별하여 찢어 놓고, 거기에 이기적 잣대를 들이민다. 인간의 수많은 불행은 바로 여기서 비롯된다.

삶과 죽음을 예로 들어 보자. 우리의 통상적 의식으로 보자면 삶과 죽음은 극단적으로 다른 두 상태다. 이렇게 나누어진 두 상태를 저울질하며, 우리는 삶을 지향하고 죽음을 두려워한다. 어쩌면 인류 역사는 '더 살고자 하는 욕망'을 실현하려는 노력의 흔적일지 모른다. 그런데 장자는 이러한 견해를 역전시킨다. 그에 의하면 삶과 죽음은 본래 하나다. 양자를 구분해 놓은 것은 인간의 언어적 사고가 저지른 폐단이다. 구분해 놓았기에 삶에 집착하고 죽음을 피하려는 욕망이 솟아나는 것이다. 장자는 말한다.

> 삶은 죽음의 동반사다. 죽음은 삶의 시작이다. 사람이 사는 것은 기(氣)가 모였기 때문이다. 기가 모이면 삶이 되고, 흩어지면 죽음이 된다. 죽음과 삶이 같은 종류라고 한다면 무엇을 근심하겠는가.
>
> —『장자』「지북유(知北遊)」

생과 사는 실은 그저 한바탕 휘감고 도는 기(氣)의 순환이다. 생과 사는 연속적 흐름으로, 생 속에 사가, 사 속에 생이 함께한다. 삶을 따라가다 보면 죽음이 있고, 죽음을 따라가면 거기 삶이 있다. 이처럼 자연스러운 기의 변화를 받아들이기만 한다면 죽음이 우리를 괴롭힐 수 없다. 그런데 삶과 죽음을 이원적으로 구분하는 인간의 의식으로는 결코 이를 받아들이지 못한다. 여기서 삶에 대한 집착이 일어나고, 이것이 우리를 고통으로 내몬다. 그런데 이렇게 구분하는 마음은 우리의 본래 마음이 아니다. 인위적으로 덧붙여진 마음이다. 이 마음을 없애면, 우리는 삶과 죽음을 파도가 밀려왔다 밀려가는 것처럼 자연스러운 변화로 대할 수 있다. 파도가 밀려온다고 기뻐하고 밀려간다고 슬퍼하지는 않지 않는가. 삶과 죽음도 그와 같다면, 그것이 어찌 고통을 줄 수 있겠는가.

> 옛날의 진인(眞人)은 삶을 즐겁다 할 줄도 몰랐고, 죽음을 싫다 할 줄도 몰랐다. 태어남을 좋아하지도 않았고, 죽음을 거역하지도 않았다. 무심히 자연을 따라서 가고, 무심히 자연을 따라서 올 뿐이었다.
>
> —『장자』「대종사(大宗師)」

어디 삶과 죽음뿐이랴! 무와 유, 부와 빈, 미와 추, 화와 복을 바라보는 우리의 마음이 모두 그러하다. 장자는 인위적 사고에 의해 규정된 이러한 가치들의 색깔을 바꿔 놓는다. 그의 레토릭은 익살과 풍자로 가득하지만 가리키는 곳은 엄중하다. 기존의 가치관을 해체하고 대상을 '있는 그대로' 보도록 우리를 이끈다. 인위적 마음을 없애는 것, 그것이 장자가 지향하는 곳이다. '일파만파(一波萬波)'라는 말이 있다. 별 것 같지 않은 마음의 작은 물결 하나가 급기야 삶의 험난한 풍파를 초래하게 되니, 어찌 바른 마음 만들기에 소홀할 수 있겠는가.

장자는, 적어도 그의 저술에 근거해서 본다면, 바람과 구름처럼 자유로운 삶을 구가했다. 삶을 속박하는 모든 것에서 벗어나 맘껏 자유를 누리는 소요유(逍遙遊)의 경지를 추구했다. 인간의 인위적이고 왜곡된 욕망을 내려놓으면 저절로 삶을 소요할 수 있지 않겠는가. '자유'란 자기가 하고 싶은 것을 마음대로 할 수 있음을 의미하지 않는다. 그것은 전지전능한 신이 아니고서는 불가능하다. 우리가 '인간의 자유'라고 할 때는, 마음이 아무것에도 얽매이지 않아 걸림이 없는 것을 말한다.

장자는 자신을 재상으로 모시러 온 왕의 사신을 향해 '재상'이란 황금보자기로 싸서 묘당 위에 고이 모셔 놓은 '신령스러운 거북'에 지나지 않는다고 일갈하면서, 차라리 진흙 속에서 자유로이 뒹구는 거북이의 삶을 살지언정 남의 꼭두각시가 되지는 않겠다는 뜻을 피력한다.(『장자』「추수(秋水)」) 황금보자기에 싸여 고이 모셔진 거북은, 활기찬 생명 에너지를 박탈당한 채 부와 권력만을 꿈꾸는 박제된 인간을 상징한다. 박제되기를 원하지 않는다면, 진정 건강한 생명 에너지로 충만한 '자기 자신'으로 살고자 한다면 부와 권력의 마수에서 벗어나야 한다. 대자유를 꿈꾸었던 장자였던 만큼 그의 비판은 냉혹하고, 정곡을 정확히 찌르고 있다.

이런 생각의 연장선에 노장(老莊)의 슬로건 '무위자연(無爲自然)'이 자리한다.

'무위'란 아무것도 하지 않는다는 것이 아니다. '위(爲)'는 '위(僞)'의 가차(假借: 다른 한자의 음이나 형태를 빌려 쓴 것)이니, 인위적인 것을 하지 않는다는 것, 다시 말해 타고난 본성에 따라 행하고, 강제적으로 주입된 이념이나 가치관을 따르지 않는다는 뜻이다. 위에서 말한 대로 하면, '나'가 아닌 타인, 사회, 국가에 의해 무조건 강요된 잣대를 따르지 않는다는 말이다. '자연'이란 '스스로[自] 그러하다[然]'는 뜻이니, 결국 '무위자연'이란, '성심(成心)'을 배제하고 본래 그러한 나의 자연스러운 본성에 따라 행하겠다는 의지를 표명한 말이다.

'무위'는 '있는 그대로'를 살아가라는 뜻이기도 하다. 이것 역시 자유로움을 위한 전제다. 있는 그대로의 삶이란, 본래의 자기가 되는 것, 다른 존재가 되고자 탐하지 않음이다.

> 조물자(造物者)가 나의 왼팔을 변화시켜 닭이 되게 한다면 나는 그것으로 새벽을 알릴 것이다. 조물자가 나의 오른팔을 변화

시켜 활이 되게 하면 나는 그것으로 새를 잡아서 구워 먹을 것이다. 조물자가 나의 꽁무니를 변화시켜 수레바퀴로 만들고 나의 정신을 말[馬]로 만들면 나는 그것에 올라타 달릴 것이다. … 태어남에 편안히 머물고 자연의 도리에 따르면 일희일비의 감정이 끼어들 수 없다. 이것이 실로 옛 현인들이 말하는 현해(縣解: 거꾸로 매달린 고통으로부터의 해방)라는 것이다.

—『장자』「대종사(大宗師)」

말이 좀 극단적이지만 말하고자 하는 의미는 분명하다. 주어진 나의 본성대로 살겠다는 것이다. 왜곡되지 않은 '있는 그대로'를 살겠다는 강한 의지가 꿈틀댄다. 양생의 도는 삶을 통제하려는 것이 아니라, '있는 그대로'에 편히 머물며 모든 일을 '무위'에 맡기는 것이다.

무위는 '행함이 없는 행함'이라는 뜻으로, 아무것도 하지 않는 것과는 근본적으로 다르다. 그것은 내적인 무저항 상태에 있으면서도 예민하게 깨어 있는 것을 의미한다. 이때 어떤 행위가 요구되면 마음(에고)의 부림에서 벗어나, 심층의식의 현존 상태에서 자발적으로 그 상황에 대응하게 된다. 이것이 '무위를 행함(爲無爲)'이다. 이때 모든 것이 적절 타당하게 이루어지므로, 이를 '무위이무불위(無爲而無不爲: 무위하지만 하지 못하는 것이 없음)'라고 한다. "마음을 바르게 하면 고요해지고, 고요해지면 밝아지며, 밝아지면 텅 비게 되고, 텅 비어 무위에 들어가면 (자연의 도와 일치하여) 하지 못하는 일이 없게 된다."(『장자』「경상초(庚桑楚)」) 어떻게 한 상황이 요구하는 바로 그 순간에 올바로 반응할 수 있을까? 무위의 상태에서는 지혜(심층의식)가 활짝 열려 활성화되고, 있는 그대로의 '지금'에 열려 있다. 우리가 보고 듣는 것은 '실재'와 완전히 하나가 된다. 따라서 올바른 대응이 저절로, 자발적으로 행해진다. 우리는 그저 여기(심층의식)로 들어가기만 하면 된다. 그러면 이것이 '나'가 되어 '자발적'으로 우리를 이끌어 간다.

그런데 저절로 '무위'에 이르지는 않는다. 자기의 본성대로 살고자 하는 데 왜 저절로 이루어지지 않는 것일까? 오랜 세월 쌓인 성심과 인위의 울타리(재물, 권력, 학벌, 외모 등)가 촘촘히 우리를 둘러싸고 있기 때문이다. 따라서 무위를 이루기 위해서는 이 울타리들을 제거할 필요가 있다. 강압적으로 주입된 '성심'을 비워 내는 작업이 필요한 것이다. '성심'을 비워 내면 거기서 저절로 본성의 빛이 드러난다. 마치 구름이 걷히면 자연히 태양이 드러나듯이. 그리고 태양은 언제고 본래 거기에 있었듯이.

장자는 분별하는 마음(에고, 성심)을 타파하고 '무위'하기 위해서는 '도추(道樞)'에 서 있으라고 한다. '추(樞)'는 문의 지도리(돌쩌귀)를 가리킨다. 문은 열리기도 하고 닫히기도 한다. 그러나 지도리는 열고 닫히는 축으로 늘 그 자리를 지킨다. 그러니 '도추'는 일체 사물이 열리고 닫히는, 즉 가치의 전환이 일어나는 변화의 중추이며 중심이란 뜻이다. 상대적 가치를 넘어선 변치 않는 절대적 가치의 자리, 대립을 초월한 곳이다. '본래 그대로'의 자리로, 자신은 변치 않으면서 변화를 볼 수 있는 자리라고도 할 수 있다. 우리의 표층의식으로 보면 옳고 그름, 삶과 죽음은 대립의 상태지만, 내면에 깃든 심층의식으로 보면 양자는 본래 하나다. 이 자리에 서면 우리는 상대적 가치에 휘둘리지 않으므로, 아무것에도 걸림 없는 '대자유'의 상태에 놓인다. "성인(聖人)은 시비의 대립을 넘어선 경지에 자신을 맡긴다. 자연의 측면에서 보면 이것은 저것이고, 저것은 이것이다. 저것과 이것의 대립을 초월한 경지를 도추(道樞)라고 한다. 지도리를 얻게 되면 그것이 환중(環中: 둥근 원의 중심)이며, 이로 인하여 무궁한 변화에 응한다."(『장자』「제물론(齊物論)」) '도추'는 바로 '만물을 하나로 보는 경지'가 이루어지는 경계다.

앞에서 살펴본 토머스 머튼은 '도추'를 '역선의 축'으로 표현한다.

> 현인은 논리적인 주장으로
>
> 이런저런 점을 증명하려 들기보다

사물 전체를 직관으로 본다.
직관은 '나'와 '나 아닌 것'을 동시에 보기에
'나'의 관점 안에 갇히지 않는다.
그래서 그는 모든 논쟁의 양측에서
옳음과 그름을 동시에 본다.
그리고 결국 그것들이 도의 역전의 축에 연결되면
옳고 그름이 같아진다.
현명한 사람이 이 역전의 축을 파악하면
그는 원의 중심이 된다.
원주의 회전을 따라서
'예'와 '아니요'가 서로를 추구하는
원의 가운데에 선다.

역전의 축은 긍정과 부정이 만나는
중심을 가로지른다.
역전의 축을 파악한 그는
모든 움직임과 대립들이 옳은 관계 속에서 보여지는
고요한 지점에 머문다.
그래서 '예'와 '아니요'가 동시에 작용하는 무한한
가능성을 본다.
금긋기, 편들기를 버리고 그는 직관에 머문다.

— 토머스 머튼, 『장자의 도』

'역전(逆轉)의 축'이란 (대립된) 가치의 전환이 일어나는 곳이다. 여기에 서면 상대적 가치에 휘말리지 않는다. 우리 일상의 인식으로는, 이쪽에서 보면 '저것'인 것들이, 저쪽에서 보면 모두 '이것'이다. '이것'과 '저것'은 서로 맞서 있으니, 이는 상대적 관점에서 본 것이다. '삶과 죽음', '옳고 그름' 등의 세상사는 모두 상대적이다. 그러나 성인은 절대적 관점—양자를 아우르는 중도(中道)의 관점—에서 세상사를 본다. 거기서는 '이것'이 '저것'이고 '저것'이 '이것'이며, 삶과 죽음, 옳고 그름이 하나로 통한다. 모든 대립이 소멸되고, 절대 긍정의 세계가 열린다. 이러한 경지가 바로 '도추'다. 지도리이기 때문에 변화의 중심에 서서 무한한 변화에 대처할 수 있는 것이다. 정확히 말하면 대상을 '있는 그대로' 볼 수 있는 곳이라고 할 수 있다. 그곳은 시공의 장소가 아니다. 우리 내면의 심연에 자리하는 시공을 초월한 곳이다. 시비, 선악, 미추의 구별 자체가 없는 세계, 그런 상대적 가치가 존재하지 않는 세계다. 머튼이 말한 '직관'이란 외적 지식을 필요로 하지 않는다. 그것은 우리 내면에 본래 있던 것으로, '있는 그대로' 대상을 바라볼 때 저절로 그 모습을 드러낸다. '도추의 자리'가 바로 그렇다. 이것을 '환중'이라고도 하는데, '환중'은 원의 중앙을 말한다. 원의 중앙은 좌우, 상하, 안팎으로 구별할 수 없다. 여기에 선다는 것은 기존 가치관의 영역에서 벗어나, 그것을 객관적으로 볼 수 있는 최상의 거점에 선다는 의미다.

그런데 '도추'에 서기 위해서는 마음을 비워야 한다. 마음을 비운다는 것은, 앞에서도 누차 말했듯 생각을 내려놓고 '지금 여기 있는 그대로'에 내맡긴다는 의미다. 우리의 에고를 무비판적·무의식적으로 믿으려 하는 것, 그것이 우리 불행의 시발점이다. 내맡긴다는 것은, 이 에고를 내려놓는 것이다. 그때 비로소 들려오는 목소리가 있다. 온갖 소음에 막혀 들리지 않던 목소리다. 생경하겠지만, 그것이야말로 진정한 '나'의 목소리며 '도'의 목소리다. '무위'란 바로 이 목소리가 자발적으로 우리의 행위를 이끌어 감을 의미한다. 세상의 만사 만물이 다양한 자신의 모습대로 살아가면서도 서로 조화를 이루게 하는 힘, 그것이 '도'다. '자연'의 놀라운 능력이다. 마음을 텅 비우고 '무위'에 들면 이 도의 소리를 들을 수 있다. 장자는 자기중심적 사고에서 벗어나 자연(도)을 따르는 경지에 이르기 위해서 '비우고 또 비워 무위에 이를 것(損之又損之以至於無爲)'을 제시한다.(『장자』「지북유(知北遊)」) 일찍이 노자는 "학문을 하는 것은 날마다 모르는 것을 쌓아 가는 것이지만, 도를 체득한다는 것은 날마다 모든 선입견과 차별의식을 덜어 내는 것(爲學日益, 爲道日損)"(『도덕경』 제48장)이라고 하면서 철저한 '비움'의 사상을 전개했다. 장자는 이를 계승한 것이다.

이 연장선에 '좌망(坐忘)'과 '심재(心齋)'가 있다. '도추'와 '환중'에 서기 위해서 장자가 제시한 것이 바로 좌망과 심재다. 어떻게 비우는가에 대한 장자의 대답이며 '고독'과 연결되는 부분이기도 하다.

장자는 '좌망'에 대해 공자와 안회의 대화 형식으로 설명한다.[1]

안회가 자신이 드디어 '좌망'에 이르렀음을 고하자, 공자는 놀라서 묻는다. "무엇을 좌망이라고 하는가?" 안회가 답한다. "사지와 몸을 잊고 귀와 눈의 작용을 물리쳐, 형체를 떠나고 지식을 버림으로써 대도와 하나가 되는 것, 이것을 좌망이라 합니다." 이를 듣고 공자는 "도와 하나가 되면 좋고 싫음의 분별심이 없어지고, 어디에도 집착하는 바가 없게 된다."고 안회의 말을 허여하면서 한껏 칭찬해 준다.(『장자』「대종사(大宗師)」)

'좌망'은 말 그대로 하면 '앉아서 잊는 것'인데, 잡다한 현실적 조건들과 분별심을 비워 근원과 일체가 되는 것을 말한다. 형체를 떠나고 지식을 잊으면 내면의 깊은 순수의식이

1 『장자』에는 공자와 안회의 입을 빌려 장자 자신의 생각을 피력하는 곳이 자주 보인다. 공자의 권위에 의탁해 자기 사상의 신빙성을 높이려는 의도와 함께, 자기 사상이 유가 사상보다 우월함을 보이려는 의도도 있는 것 같다.

살아나고, 자연스레 이러한 과정으로 진행되어 간다. 이른바 '무아지경(無我之境)'으로, 인위적 불순물을 가라앉히고 순수한 생명의 힘으로 자신을 채우는 것이다. 이때 자타의 경계가 허물어지고 아무런 구속 없는 '자유'를 맞이하게 된다.

그런데 일상 속에서 '나를 잊는다[망아(忘我)]'는 것은 실은 매 순간 나를 잊고 새로운 나로 거듭나는 것이다. 우리는 늘 무엇인가를 받아들이고 판단한다. 그런데 이 판단은 내 안에 틀로 남아 주관적 틀을 만들고 다음 판단 시 왜곡을 낳는다. 따라서 매 순간 기존의 틀을 버리고 새롭게 태어나야 한다. 그럴 때 나를 둘러싼 세상은 그 본래성을 드러내고 나와 하나가 된다. 끊임없는 자기 초월을 통해서만이 진정한 '나'로 태어나고, 그 나와 타자와의 만남이 이루어지는 것이다. 이것이 도의 세계이며 조화의 세계다. 거울을 보자. 거울은 한 사물을 비추고 나면 그 사물을 완벽히 잊는다. 그래야만 다음에 다가오는 사물을 그 사물 그대로 비출 수가 있다. 만일 앞선 사물의 잔영이 털끝만큼이라도 남아 있으면 절대 새로운 사물을 그대로 비추어 낼 수가 없다. "지인(至人)의 마음 씀은 거울과 같아 일부러 보내지도 맞이하지도 않는다. 단지 대상에 응하되 저장하지 않는다"(『장자』「응제왕(應帝王)」)는 말은 바로 이것을 말하는 것이다. 분별지에 의한 기존의 가치체계를 극복하고 새로운 가치체계가 만들어지는 지점, 진리의 산고가 시작되는 지점, 이것이 '좌망'이다. '좌망'이란 끊임없이 변해 가는 도의 세상과 만나기 위한 도가의 인식법이다.

그런데 '좌망'은 '고독'과 다르지 않다. 장자의 말을 보자.

남곽자기가 (홀로) 탁자에 기대고 앉아 하늘을 우러러 숨을 내쉬는데, 멍하니 그 몸을 잊은 것 같았다. 제자인 안성자유가 옆에서 모시고 서 있다가 말하길, "어떻게 되신 겁니까? 육체는 말라비틀어진 고목(枯木) 같고, 마음은 식어 버린 재와 같게 되었으니, 이런 일이 가능한 것입니까? 지금 탁자에 기대어 있는 분은, 이전에 탁자에 기대고 있던 분 같지 않습니다." 하였다.

자기가 말하길, "그대의 질문은 매우 훌륭하도다! 오늘 나〔吾〕는 나〔我〕를 잊어버렸으니, 그대는 그것을 알 수 있느냐? 너는 사람의 퉁소 소리는 들어도 땅의 퉁소 소리는 듣지 못했고, 땅의 퉁소 소리는 들었어도 아직 하늘의 퉁소 소리는 듣지 못했을 게다." 하였다.

—『장자』「제물론(齊物論)」

홀로 앉아 침묵 속에서 '나'를 잊는 것, 그것은 앞서 살펴본 고독의 모습 바로 그것이다. 외적 소음에 대한 머릿속 목소리를 잊고 비워 내는 것이 '망(忘)'이다. '나'를 잊으면 만물과 하나가 된다. 이것이 바로 '자기로부터의 자유'다. '오상아(吾喪我)'는 '망아(忘我)'이며, 망아는 좌망과 크게 다르지 않다. 모두 평소 '관습에 물들어 반성 없이 진행되던 머릿속 생각을 내려놓는 것(비움)'을 말한다. 그러면 우리의 마음은 기존의 고정된 틀에 구속되지 않고, 실재를 '있는 그대로' 볼 수 있게 된다.

이러한 '좌망'의 방법을 자세히 설명한 것이 이른바 '심재(心齋)'다.

안회가 위나라에 가서 군주의 잘못을 바로잡아 주고 싶다고 하자, 공자는 그의 마음가짐을 묻는다. 안회의 수차례에 걸친 대답에도 공자가 만족하지 못하자 안회가 간절하게 묻는다.

"저로서는 도저히 그 방법을 모르겠습니다. 부디 가르침을 주십시오." 이에 공자가 말한다. "그대는 재계(齋戒)하라!"

그러자 안회는 "술이나 비린 음식을 먹은 지 이미 오래되었으니 재계는 한 셈"이라고 말하자, 공자는 "그것은 제사 지낼 때의 재계이고, 내가 말하는 것은 마음의 재계 즉 심재를 말한 것"이라고 한다. 놀란 안회가 간절히 말한다. "부디 심재에 대하여 가르쳐 주십시오." 마침내 공자는 다음과 같이 말한다.

"너는 잡념을 없애고 마음을 통일하라. 귀로 듣지 말고 마음으로 듣도록 하고, 마음으로 듣지 말고 기(氣)로 듣도록 하라. 귀는 소리를 들을 뿐이고 마음은 외적 현상에 한정되어 작용할 뿐이다. 그러나 기란 텅 비어 모든 것을 받아들인다. 참된 도는 오직 텅 빔 속에 모인다. 이 텅 빔이 곧 심재다."[2]

—『장자』「인간세(人間世)」

제사 지낼 때 '재계'하는 것이 신을 맞아들이기 위해 몸을 정갈하게 하는 것이라면, '심재' 즉 마음을 재계한다는 것은 도를 맞아들이기 위해 인위적으로 쌓아 온 강고한 주관적 틀을 떼어 내 마음을 가볍고 정갈하게 하는 것이다. 마음속의 인위(분별심)를 제거하는 것, 다시 말해 성찰과 반성 없이 관습적으로 믿어 오던 가치관과, 거기서 비롯되는 탐욕과 집착을 덜어 내는 것, 이것이 마음을 깨끗이 하는 '심재'다. 생각해 보라. 우리가 얼마나 무거운 자기 틀을 갖고 살아가는지를, 얼마나 주관적 입장에서 사물과 타인을 대하는지를. 인위적 틀을 모두 비워 내고 텅 빈 순수한 기로 세상을 대하는 것, 이것이 바로 '심재'다.

귀는 단지 외물의 소리에 반응할 뿐이고, 마음(이때의 마음은 인식작용으로서의 마음, 즉 에고를 말한다)은 외물에 반응할 뿐이다. 이는 모두 외부 대상에 한정되고 구속된다. 이에 반해

2 이 부분 역시 공자와 안회의 대화 형식을 빌려 장자 자신의 생각을 피력하고 있다.

기(氣)는 천지에 가득하여 모든 것들과 감응하고 모든 것들을 있는 그대로 받아들인다. 여기서 말하는 '기'란, 우주의 본래 상태로 아무것에도 물들지 않은 순수 그대로의 상태를 말한다. 그런 상태가 만물의 근저에 자리한다. 의식작용에 한정하여 말한다면 '순수의식'이라고 해야 할 것이다.

외물에 대한 욕망이나 지적 사려를 모두 버리고 나면 순수한 본래 기의 상태가 드러난다. 가슴속을 교란시키지 않으면 심신은 올바른 상태가 유지되고, 심신이 바르게 유지되면 고요해진다. 심신이 고요해지면 밝은 지혜가 생기고, 밝은 지혜가 생기면 텅 비고, 텅 비면 '무위이무불위'의 경지에 이른다. 따라서 대상과 하나가 되기 위해서는 외적 인식작용을 벗어나 내적 (순수한) 기로 감응해야 한다. 이렇게 되면 우주 자연의 기가 신체 안에 두루 퍼져 운행하게 되며, 천지조화의 신묘함을 체험하고 이 바탕 위에서 비로소 참된 지혜가 생겨난다. 이것이 바로 '심재'인 것이다. 도를 깨달아 생명의 근원성과 삶의 의미를 터득하기 위해서는 지식이 아니라, 우주 근원과 연결된 마음의 본래 능력이 작동해야 한다. 텅 비운다는 것은 실은 순수 생명의 에너지를 응축시키는 것이다. 이 응축이 폭발하듯 터져 나오는 순간이 바로 진리가 인식되는 지점이다.

재경이라는 유명한 목수가 나무를 깎아서 북틀을 만들었다. 북틀이 만들어지자 그것을 본 사람들은 귀신이 만든 것 같다고 모두 놀랐다. 노나라 제후가 그것을 보고 재경에게 물었다.

"그대는 무슨 도술로 이 북틀을 만들었는가?"

"저는 목수인데 무슨 도술이 있겠습니까? 그렇지만 한 가지 원칙이 있습니다. 저는 북틀을 만들 때 기운을 소모하지 않고 반드시 재계(齋戒)함으로써 마음을 고요하게 만듭니다. 사흘 동안 재계하면 감히 이익이나 벼슬과 녹을 생각하지 않게 되고, 닷새 동안 재계하면 비난과 칭찬, 교묘하고 졸렬한 생각을 하지 않게 됩니다. 또한, 이레 동안 재계하면 문득 제 손과 육체까지도 잊어버리게 됩니다. … 이때 산으로 들어가면 완전한 재목을 찾아낼 수 있고, 또한 완전한 북틀이 마음속에 떠오르면 바로 만들 수 있습니다."

『장자』「달생(達生)」 편에 나오는 '재경'이라는 목수에 관한 이야기다. '달생'은 삶의 진리에 도달했다는 뜻이다. 재경은 북틀을 '무아'의 상태, 즉 '무아지경(無我之境)'의 상태에서 만들었다. 무아지경이란 '나'를 잊은 상태, '가아'를 버린 상태다. 에고의 입장에서 사물을 바라보는 분별지와 달리, 물아일체의 경지, 즉 주체와 객체가 하나로 교감하는 상태에서 사물을 대한다. 이때 최상의 북틀이 만들어진다. 앞서 말한

'무위이무불위'의 경지가 바로 이것이다. 이는 '심재'를 통해 이루어진다.

자연의 결, 즉 도에 따라 살기 위해서는 좌망과 심재가 필요한데, '좌망' 또는 '심재'는 실존주의자가 말하는 '고독'에 거의 근접한다. 그들이 말하는 'solitude'는 아마 장자의 이 개념에서 많은 영향을 받지 않았나 생각한다. 그렇다면 'solitude'를 '좌망'이나 '심재'로 번역했어도 그리 이상할 것은 없었겠다는 생각이 든다.

장자는 다음과 같은 멋진 이야기를 들려준다.

옛날에 몇천 리가 되는지 알 수조차 없는 큰 물고기가 북녘에 살고 있었다. 이 물고기는 변하여 '대붕[붕(鵬)]'이라는 새가 되는데, 그 등의 넓이 또한 몇천 리가 되는지 가늠조차 어렵다. 단지 하늘이 온통 구름이 드리운 것 같이 되는 것으로 그 크기를 추측할 수 있을 뿐이다. 그 새는 파도를 일으키며 바다 위 3천 리 길을 내달린 후 회오리바람을 타고 9만 리 상공 하늘 높이 솟아올라, 유유히 남쪽 바다를 향해 날갯짓한다. 그런데 그 새가 나는 광경을 목격한 매미와 비둘기는 그를 비웃으며 말한다. "우리는 이 나무 저 나무 작은 나뭇가지에도 날아오르기 벅찬데, 그래도 그리 바삐 움직여야만 겨우 먹고 살 수 있거늘, 저 미련한 놈은 얼마나 한가하면 9만 리를 날아간다고 저 난리냐. 참 할 일도 없는 놈이다."(『장자』

「소요유(逍遙遊)」) 『장자』를 열면 제일 첫머리에 보이는 문장이니, 이 글의 중요성은 새삼 말할 필요도 없을 것이다. 첫 장, 첫머리에 이 글을 실은 장자의 의도는 무엇일까?

대붕은 깊고 넓은 내면의 정신세계를 탐색하는 '고독'한 사람, 장자 자신이다. 그런데 세속에 물든 우리는, 먹고살기도 바쁜데 할 일 없이 앉아서 무슨 짓이냐고 고독에 든 사람을 힐난하며 비웃는다. 매미와 비둘기는 세상사에 얽매인 우리들의 모습이다. 그러나 장자는 정신세계를 노닐 때 비로소 인간의 '대자유'가 있다고 생각했다. 소요하는 인간의 대자유! 그것은 깊이 내면을 탐색하는 자의 것이다. 달리 말하면 고독한 자의 성취물이다. 대붕은 깊이 고독에 잠겨 정신세계를 소요한다. 그런데 세상의 자잘한 일상을 떠나, 홀로 3천 리를 달리고 9만 리 상공을 비행하지 않으면 고독에 들어갈 수 없다. 우리도 '대자유'를 얻으려면 3천 리 물길 위를 달리고 9만 리 하늘길을 날아 깊은 고독에 들어야 한다. 그러면 물고기가 새가 되고, 나비와 내가 하나가 되는 신비한 세상이 열린다.[3]

고독을 통하면 세상이 달리 보인다. 가치관의 전환, 욕망의 재배열이 일어난다. 연금술사들이 그렇게도 찾아 헤매던

3 장자는 이를 '만물제동(萬物齊同)', 즉 '도의 관점에 서면 삼라만상의 대립이 없어지고 존재의 넘나듦이 이루어짐'의 세계라고 표현한다.

'현자의 돌'[4]은 마음속 깊은 곳에 숨어 있던 것이다. "도는 들을 수 없는 것이다. 듣는다면 그것은 도가 아니다. 도는 볼 수 없는 것이다. 본다면 그것은 도가 아니다. 도는 말할 수 없는 것이다. 말한다면 그것은 도가 아니다."(『장자』 「지북유知北遊」) 그 비밀스러운 길로 향하는 입구가 '고독'이다. 홀로 잠긴 깊은 침묵 속에서 그 비밀의 문이 열린다.

(2) 붓다

> 침묵 속의 외로움(고독)을 알게 되면,
> 침묵 속의 기쁨을 알게 되면,
> 두려움과 악에서 벗어난다.
> 그리고 니르바나, 그 영원한 기쁨을 맛보게 된다.
>
> — 붓다, 〈법구경〉

싯다르타(Siddhārtha Gautama)는 어릴 적부터 종종 깊은 사색에 잠기곤 하는 '고독한 아이'였다. 그 사색의 깊이도 여간한 게 아니었다. 그의 '고독'을 볼 수 있을 뿐 아니라, 그가 인류

4 값싼 물질을 금으로 만들어 주는 힘이 있다는 돌로, 무용한 것을 유용한 것으로 바꾸는 비책을 의미한다.

구원의 길로 들어서는 계기가 된 일화 두 가지를 소개한다.

싯다르타는 태자가 되던 12세 때, 농경제의 파종식 행사에 참여한다. 거기서 그는 흙먼지를 뒤집어쓰고 뜨거운 태양 아래 씨를 뿌리는 앙상한 농부의 고된 모습을 보게 된다. 뼈만 남은 야윈 농부로부터, 그렇게 힘든 일을 하는 것이 국가(왕)에 세금을 내기 위해서라는 말을 듣고는 형언하기조차 힘든 커다란 충격을 받는다. 하물며 국왕과 대신들은 그들의 고통을 보고 아무런 감정도 느끼지 않고 희희낙락하지 않는가. 그리고 그 농부에게 채찍으로 연신 얻어맞으면서도 숨을 헐떡이며 밭을 가는 소의 모습도 눈에 들어왔다. "아, 왜 모두 함께 행복하게 살지 못하는 것일까?" "왜 세상의 존재들은 불공평한 관계 속에서 고통받아야만 하는 것인가!" 그러나 그는 그 답을 알 수 없었다. 그가 스승들에게서 배운 것은 백성을 어떻게 통치할 것인지, 전쟁은 어떻게 해야 하고 무기는 어떻게 다루는지에 관한 이른바 '제왕학'이었다. 그것으로는 남을 지배하는 방법만 알 수 있을 뿐, 삶의 구원에 대한 해답을 얻을 수 없었다. 그날 그는 슬픔의 와중에서, 자신도 의식하지 못한 채 잠부나무 아래 홀로 앉아 깊은 고독에 잠기는 체험을 한다.

또 다른 일화 한 가지는 이른바 '사문유관(四門遊觀)'이라 불리는 것으로, 싯다르타가 출가를 결심하게 되는 중요한 사건이다. 그는 어느 날 성의 동문에서 '늙음'의 고통, 남문에서 병자의 고통, 서문에서 죽음의 고통을 보고 괴로워한다. 늙어 앙상한 가죽만 남은 채 허리를 깊이 숙이고 거리를 지나는 노인, 고통스러운 병으로 신음하는 사람들, 죽어 거적때기에 둘둘 말린 채 버려지는 사람들. 그가 보아 온 사람들은 대부분 살집이 풍성하고 기름기 도는 얼굴의 젊고 건장한 궁궐 사람들뿐이었으니, 그 충격은 배가되었다. 그는 '생로병사'의 고통[고(苦)]에 신음하는 백성들의 모습에 괴로워한다. 다음 날, 북문에서 사문을 만난 그는 사문과의 대화를 통해 자신의 길은 '전륜성왕'의 길이 아니라, 전 인류의 구원을 위한 수행의 길에 있음을 절감하고 언젠가는 출가하기로 마음먹는다.

이 두 사건 이후 그는 줄곧 혼자 깊은 사념에 잠기곤 했다. 사념의 대상은 주로 '생로병사'에 관한 것이었다. 생로병사는 인간의 '한계상황'이다. 한계상황에 부딪혀 그 문제를 홀로 깊이 사념하는 것은 '고독'의 여정 바로 그것이다. 그는 '고독한 싯다르타'였던 것이다. 그의 '고독'은 전륜성왕이 되길 바라는 부친 정반왕의 근심을 샀고, 일부러 홍등가에 보내거나 일찍 결혼시키는 일이 생길 정도였다. 현실적 삶을 맛보고 현세적 인간이 되도록 하기 위한 왕의 의도였던 것이다. 그러나 그는 29세 때, "내가 이제 모든 중생을 고통 속에

빠트리는 원적(怨敵)의 항복을 받고, 탐(貪)·진(瞋)·치(癡)의 침략과 번뇌의 도적을 쳐부수고 항복시켜, 모든 고통과 핍박에서 일체중생을 구제하려 하노라"는 말을 남기고, 결국 출가하고 만다. 불교에서 말하는 '출가'는 새로운 삶을 살기 위해 기존의 관습, 즉 자기중심적인 사고방식과 안일한 삶의 태도에서 벗어나는 것을 의미한다. 싯다르타는 자신에게 주어진 부귀, 권력, 명예 등 모든 기득권을 버리고 보다 높은 세계, 진리의 세계를 찾아 '고독' 속으로 뛰어들었던 것이다.

출가 이후, 사상이 무르익고 완성되어 깨달은 자(붓다)가 되기까지의 과정은 한마디로 '고독'의 여정이었다.

당시 인도에는 기존의 종교·사상에 만족하지 못하고, 우파니샤드[5]를 중심으로 한 새로운 종교와 철학이 우후죽순처럼 번성하였는데, 새로운 사상을 추구해 집을 떠나 수행하는 사상가와 수도자들을 '사문(沙門)'이라 한다. 그들은 모두 전통사회의 구속을 벗어나고자 출가하여 자유로이 사색하면서 살아갔다. '고독'을 삶의 일부로 받아들인 것이다. 싯다르타

5 우파니샤드(Upanisad)는 인도의 힌두 경전인 베다(Veda)를 설명한 문헌으로, 현존하는 우파니샤드는 108개에 달한다고 한다. 기존의 베다는 신들에 대한 찬양과 예배가 주된 내용이었으나, 우파니샤드는 철학적이고 신비적인 색채가 농후하다. 우주의 실재인 브라만(Brahman)과 인간에 내재하는 자아인 아트만(ātman)이 궁극적으로 동일하다는 이른바 범아일여(梵我一如) 사상이 그 핵심을 이루고 있는데, 이것은 이후 힌두사상과 종교 전반에 지대한 영향을 끼쳤다.

역시 출가 초기에는 사문의 관행에 따라 숲속에 기거하면서 거리에서 탁발하는 것으로 생계를 유지하였다. 이즈음 그는 당시 명망이 높았던 알라라 칼라마(Alara Kalama)와 웃다카 라마푸타(Uddaka Ramaputta)를 연이어 스승으로 섬기면서 정진하였다. 그의 수행 정도가 높아 스승들도 그를 인정하고 각별히 대해 주었다. 그러나 더는 그들에게서 배울 것이 없다고 여긴 그는, 스승 곁을 떠나 당시 유행하던 고행주의의 방법으로 진리를 찾고자 한다. 여기서도 두각을 나타내 동료 수행자들의 존경을 한 몸에 받지만, 결국 고행주의의 방법으로 깨달음을 얻는 것을 포기한다. 그것은 열반에 이를 수 있는 방법이 아님을 자각했기 때문이다. 고행주의는 인간의 고통이 몸에 대한 집착에서 온다고 여겨, 극도로 몸을 혹사함으로써 몸을 잊고 순수한 정신적 삶을 영위하고자 하였다. '몸'을 부정하여 버리고자 한 것이다. 그러나 붓다는 그것이 잘못임을 자각했다. 오히려 깨달음은 몸을 통해 오는 것이고, 몸속의 변화에 집중하는 데서 비롯된다는 것을 간파했기 때문이다. 물론 몸에 집착하는 것은 잘못이지만, 몸을 혹사하여 잊으려 한다고 집착이 없어지는 것은 아니다. 몸을 잊으려 하는 것 자체가 오히려 또 하나의 '집착'이 되고 만다. 『아함경』에서는 이 소식을 다음과 같이 전하고 있다.

"불사(不死)를 위해 고행을 닦았으나 / 전혀 이익 없음을 깨달았노라. / 육지에 놓인 삿대와 같으니 / 오직 무익한 줄을 알아야 하리."

그 후, 싯다르타는 왕사성(王舍城, 라자그리하)에서 그리 멀지 않은 네란자라강 기슭에 있는 핍파라나무(보리수) 밑에서 7일 동안 명상에 잠긴 후 정각에 든다. '대각 성취'한 것이다. 깨달음 이후에도 붓다의 허영과 갖가지 욕망을 자극하며 그를 파괴하려 했던 마귀들과 49일간의 고투를 겪고, 마침내 그들을 항복시킨다. 아마 붓다 내면에 있던 온갖 번뇌의 씨를 완전히 소멸시키는 과정을 말한 것이리라. 이 기간은 실로 온갖 번뇌를 혼자 감내하는 고독한 싸움이었다. '싸움'이라고는 해도 번뇌를 이기려고 저항하거나 다투었다는 의미는 아니다. 그저 '있는 그대로'의 번뇌를 바라보며 침묵하고 받아들일 뿐이었다. 생각을 멈추자 번뇌도 사라져 갔다. 침묵과 비움, 그리고 명상. 그것은 '고독'의 길이었다. 붓다는 말한다.

> 일체의 탐욕을 모두 끊어 내고
> 생각의 근원을 남김없이 잘라 내어
> 낮이나 밤이나 한결같이 지키면
> 반느시 선정(禪定)에 들어가리리.
>
> —『법구경』

붓다가 보리수나무 아래에서 깊은 침묵의 명상을 거쳐 증득한 것은 무엇이었을까. 생로병사의 고통으로부터 중생을 구원할 수 있다고 여긴 길은 무엇이었던가. 그것은 바로 이 세상이 '연기(緣起)'라는 것이었다. 생로병사라는 인간의 한계상황이 생겨나는 것도 '연기' 때문이고, 그것을 극복하는 방법도 '연기'에 있었다. 그가 지금까지 고민해 온 인간 구원의 열쇠가 풀리는 순간이었다.[6] 그러나 그는 그 해답을 대중에게 설법할 수 있을지 고심하고 또 고심했다. 깨달은 바가 세상의 상식과 현격히 달라 과연 그들이 자기의 말을 믿어 줄지 의심스러웠기 때문이다. 붓다는 고심을 거듭한 끝에 과거 자기를 아껴 주던 스승들이라면 자신의 깨달음을 이해할 수 있으리라 여기고 그들을 찾아 나선다. 하지만 두 스승(알라라 칼라마와 웃다카 라마푸타) 모두 이미 세상을 떠난 뒤였다. 다시 한참을 고민한 끝에 옛 사문 시절의 동료들을 생각해 내었다. 자기를 믿고 따르던 이들이었기에 자기 말을 경청해 줄 것이라 믿었던 것이다. 그러나 그들을 어떻게 이해시킬지는 여전히 막연했다. 그는 오랜 시간의 궁리 끝에 설득 방법을 마련하고는 그들을 찾아 떠난다. 드디어 녹야원(鹿野苑,

6 붓다가, 이 세상이 '연기'에 의해 이루어져 있음을 깨닫고 모든 의혹이 사라졌다는 것은 『자설경(自說經)』 보리품(菩提品)의 다음 구절에 잘 나타나 있다. "일구월심 사유하던 성자에게, 모든 존재가 밝혀진 그날, 그의 의혹은 씻은 듯 사라졌다. 연기의 도리를 알았으므로."

미가다야)에서 다섯 명의 수도자들을 만나 첫 설법을 행한다. 이것이 유명한 '초전법륜(初轉法輪)'[7]이다.

하룻밤을 꼬박 넘긴 논쟁 끝에 드디어 그들은 붓다의 설법에 승복하고 첫 제자가 된다. 이때 붓다가 자신의 깨달음을 조리 있게 설명하기 위해 궁리해 냈던 것이, 유명한 '사성제(四聖諦)'[8]의 토대가 된다.

붓다 당시의 종교는 주로 어떤 대상(주로 불이나 물 등)을 섬기고, 그것에 제사 지내는 형태의 원시 종교였다. 이런 시대에, 모든 것은 그것이 생겨나는 원인이 있고 그 원인을 소멸시키면 사라진다는 붓다의 교설은 가히 혁명적이었고 매우 합리적이었다. 예를 들어, 어떤 불행이 있으면 외적인 존재에게 빎으로써 극복되는 것이 아니라, 그 불행이 일어난 원인을 제거하면 된다고 생각했던 것이다. 일체의 존재는 그것

7 처음으로 법의 바퀴를 굴린다는 의미로, 깨달음 이후의 첫 설법을 말한다.

8 사성제(四聖諦)란 네 가지 성스러운 진리라는 뜻으로, 고성제(苦聖諦), 집성제(集聖諦), 멸성제(滅聖諦), 도성제(道聖諦)를 말한다. 고성제는 우리의 삶이 괴로움이라는 것이고, 집성제는 그 괴로움이 무시에서 오는 욕망과 그에 대한 집착에서 비롯된다는 것이며, 멸성제는 이러한 욕망과 집착을 멸해야 함을 말한다. 그리고 도성제는 욕망과 집착을 멸하는 방법에 대하여 설한 것이다. 거기에는 여덟 가지 바른 길(八正道)이 있으니, 정견(正見), 정사(正思), 정어(正語), 정업(正業), 정명(正命), 정정진(正精進), 정념(正念), 정정(正定)이 그것이다. 여기서 '정(正)'이란 허망함, 즉 명석하지 않고 여실하지 않음에서 벗어나는 것을 말한다. 예를 들어, 정견은 허망하고 망령된 견해에서 벗어나는 것, 정사는 진실에 어긋난 허망한 생각에서 벗어나는 것 등이다.

을 성립시킨 조건이 없어질 때 그 존재 또한 없어져 버린다. 따라서 독립하여 영원히 불변하는 것이란 이 세상 어디에도 존재할 수 없다. 그렇다면 인간에게 닥쳐오는 생로병사의 '괴로움[고(苦)]'도 그 조건을 없앤다면 소멸되고 극복될 수 있을 것이다. 이것이 붓다가 말하고자 하는 것이다. '한계상황'에 대한 붓다식 해법이었다.

붓다는 인간의 고통은 세계의 실상에 대한 무지에서 비롯된다고 보았다. 세상의 실상은 '연기' 그것이었다. 그는 "연기를 보는 것이 곧 진리를 보는 것이고, 진리를 보는 것이 곧 연기를 보는 것이라고 여겼다. 그가 이처럼 확신을 갖고 설했던 '연기'란 도대체 무엇인가? 그것은 어떻게 인간의 괴로움[고(苦)]을 극복하는가?

> 이것이 있음으로 말미암아 저것이 있고,
> 이것이 생김으로 말미암아 저것이 생긴다.
> 이것이 없음으로 말미암아 저것이 없고,
> 이것이 멸함으로 말미암아 저것이 멸한다.
>
> —『잡아함경』

이것이 바로 그 유명한 '연기설'이다.

연기란 '인연생기(因緣生起)'의 줄임말로, 모든 존재는 "말미암아 일어난다"는 것, 즉 '조건에 말미암은 발생'이라는 의미다. 모든 존재는 인과 연의 임시적 결합에 의해 존재하는 것, 다시 말해 상대적이고 조건화된 것이며 상호관계 속에서만 존재할 뿐, 결코 자족적·지속적으로 존재할 수 없다는 것이다. 그렇다면 '연기'는 결국 존재의 실체성을 부정하는 것이다. 실체란, 속성들의 변화에도 불구하고 자기동일성을 유지하고 있는 사물의 본질을 말한다. 이 실체가 속성(변하는 현상)의 기저에 존재하면서 그 개체를 그 개체이게끔 하는 것이다. 그런데 붓다는 이런 실체를 부정한다. 변화의 기저에 자기동일성을 유지하고 있는 개별적 실체로서의 '자아'를 인정하지 않는 것이다.

예를 들어 보자. 쌀은 벼에서 나온다. 벼가 쌀을 있게 하는 가장 직접적이고 주된 요인인데 이것을 인(因)이라고 한다. 그런데 쌀은 벼만 있다고 해서 존재하지는 않는다. 그 외에도 태양과 바람과 물이 있어야 하고 거름과 논도 있어야 한다. 그런데 논이 있기 위해서는 땅이 있어야 하고 지구가 있어야 하고 태양계가 있어야 한다. 이렇게 하나하나 세어 나가면 끝없이 이어져 우주 전체가 있어야 한다. 이것들을 쌀이 존재하기 위한 연(緣)이라고 한다. 쌀은 이처럼 수많은 인과 연의 임시적 화합에 의해 존재하는 것이다.

그런데 그 인과 연이 되는 조건들도 매 순간순간 변화한다. 태양도 논도 바람도. 이런 관계 속에서 존재한다는 것은, 그 어떤 것도 자기만의 특정한 성질을 지닌 것으로 존재할 수 없다는 것[무자성(無自性)], 그리고 그 어떤 것도 독립적으로 존재하지 못한다는 진리를 말해 주고 있는 것이다. 쌀은 실체성을 가진 고정되고 지속적인 어떤 것일 수 없다. 쌀은 실은 지금 이 순간에도 (인과 연이 변해 가므로) 끊임없이 변화해 가는 존재다. 이 세상에는 인과 연의 끊임없는 흐름만이 존재하는 것이다.

그렇다면 '나' 역시 지속되는 실체성을 가질 수 없다. '나'도 순간순간 생멸을 거듭하는 존재인 것이다. 이것을 '무아(無我)'라고 한다. 무아를 깨달으면 아상(我相: 실체적인 내가 있다는 생각과 여기서 비롯되는 집착)이 사라진다. 그렇다면 여기 이렇게 분명하게 존재하고 있는 내 몸과 정신은 도대체 무엇이란 말인가?

붓다에 의하면 통상 우리가 '나'라고 부르는 것은, 실은 색(色: 물질적 육체), 수(受: 지각, 느낌), 상(想: 관념, 생각), 행(行: 욕구, 의지), 식(識: 총체적 의식)이라는 다섯 덩어리 — 결국 정신과 육체 — 가 서로 인과 연이 되어 연쇄적으로 일으키는 매 순간의 현상일 뿐, 그것들을 주재하는 중앙의 통괄처로서의 '나'는 없다.[9] 통상 우리들이 말하는 '나'란 무엇인가? 정

9 "물질(색)은 항상됨이 없다. 혹은 인으로 혹은 연으로 말미암아 모든 물질

신과 육체의 주인으로 그것들을 통괄하고, 감정을 일으키고 담아 내며 인식하는 주체, 게다가 어제-오늘-내일로 지속한다고 여겨지는 실체로서의 그 무엇을 말하지 않는가? 그런데 불교가 말하고자 하는 것은 바로 이런 개념으로서의 '나'란 허상이고 본래 없다는 것이다. 우리가 '나'라고 생각하는 그것은 오랜 억겁에 걸쳐 기만되어 온 습관의 결과다. 물론 지금 무엇인가를 생각하고 느끼는 그 현상 자체가 없다는 것은 아니다. 무엇인가를 그리워하고 슬퍼하고 지각하고 인식하는 그 현상은 분명 끊임없이 일어나고 있다. 색·수·상·행·식의 지속적이고 찰나적인 인과 연의 흐름으로 말이다. 단 그것이 통상 우리가 생각하고 있는 방식으로 '나' 속에서 이루어지는 일은 아니라는 것이다. 우리는 색, 수, 상, 행, 식이 일으키는 경험을 '나'라고 생각할 뿐이며, 그 기억이 쌓여 과거에서 현재로 이어지는 '나'라는 허구적 실체를 만들어 내고 있는 것이다. 그러나 실은 매 순간 일어났다 사라지

이 생겨났지만 그것은 항상된 것이 아니다. 항상됨이 없는 인과 연으로 말미암아 생긴 물질에 어찌 항상됨이 있겠는가? 이와 마찬가지로 수, 상, 행, 식 또한 항상됨이 없다. 혹은 인 혹은 연으로 말미암아 생긴 그것들도 항상됨이 없다. 항상됨이 없는 인과 연으로 생긴 것들에 어찌 항상됨이 있겠는가? 비구들이여, 물질은 항상됨이 없고, 수, 상, 행, 식 또한 항상됨이 없는 것이다(色無常. 若因若緣生諸色者, 彼亦無常. 無常因無常緣所生諸色, 云何有常. 如是, 受想行識無常. 若因若緣生諸識者, 彼亦無常. 無常因無常緣所生諸識, 云何有常. 如是, 諸比丘, 色無常, 受想行識無常)."(『잡아함경』, 「인연경(因緣經)」)

는 수많은 감각과 의식들만이 존재할 뿐이다. 그런 것들의 기저에 변하지 않는 어떤 실체는 없다. 다시 말해 굳이 나의 존재를 말한다면, 매 순간순간 인과 연에 의해 바뀌고 있는 '나'만 있을 뿐 지속하는 '나'는 없다. 우리는 과거 경험과 기억 속에서 만들어진 허구적 '나'를 지금의 나로 여기면서 살고 있는 것이다. '자아'가 없다면 그 무엇에도 집착할 필요가 없다. 내가 없는데 무엇을 갖고자 집착한단 말인가?

이것이 연기설이 말하고자 하는 궁극의 지점이다. 그런데 유아(有我)'에서 '무아'로 넘어가는 과정에는 '고독'이 필요하고 명상이 필요하다. 단지 지적인 과정이 아니라, 깊은 내면과의 만남이 필요한 과정이기 때문이다.

고독을 통해 사색이 깊어지면 생각이 멈춰 버리는 무념의 상태가 온다. 그러나 그것은 아무것도 없는 상태라는 뜻이 아니다. 의식되지 않는 깊은 심층에서 사고(심층의식)가 저절로 진행되고 있는 것이다. 심층의 사고가 활성화되면 이 세상은 나와 모든 것이 서로 연결된 연기의 세계임을 홀연히 자각하게 된다. 인간이 본래 분리된 하나가 아니라 모두 연결되어 있음을 체득하는 것이다. 이 체득에 이르기까지의 과정을 체계적 수련법으로 만든 것이 명상이다. '고독'은 홀로 내면에 침잠하여 에고를 비우고 심층의식을 활성화한다는 의미에서 명상과 연계된다. 그러나 '고독'은 그 과정을 체계적으로 수립하지는 않는다. 따라서 그 효과도 한정적일 수밖에 없다. 그 과정을 치밀하게 체계화함으로써 그 효과를 극대화하고 궁극적 깨달음의 길로 안내하고자 하는 것이 바로 명상이다.

붓다는 평생을 고독하게 살았다. 그의 삶 자체가 고독이었다. 앞서 인용한 법정 스님의 말처럼 수도자에게 고독은 운명이다. 그리고 법정 스님이 '고독'을 강조했듯이, 붓다 역시 '고독'이라는 말이 생긴 후에 태어났다면 분명 '고독'에 대한 많은 말을 남겼을 것이다.

대중에게 설법하거나 제자들을 가르치는 시간 외에는 홀로 숲속이나 사원에서 깊이 침묵에 잠겨 명상하는 삶을 살았는데, 그게 고독이 아니면 무엇이겠는가. 명상은 이미 고독을 품고 있다. 넓은 의미로 고독이라는 말을 사용한다면 명상은 이미 고독이다.

마지막으로, 붓다가 홀로 깊은 고독 속에서 진리를 깨닫고, 이후 승가와 중생들에게 전해 준 이른바 '명상'에 관해 간단히 살펴보기로 한다.

붓다는 명상할 때면 홀로 마음을 집중하기 좋은 자리에 결가부좌를 하고 앉았다. 이 자세는 마음을 오랫동안 집중하기에 좋은 사세로, 오래전부터 진해 내려오는 자세였다. 그는 집중의 대상으로 널리 사용되는 호흡에 집중했다. 모든 의식을 덜어 내고 오직 숨 한 가닥에만 정신을 모았다. 숨을 들이쉴 때는 숨이 들어오고 있음에만 집중하고, 숨을 내뱉을 때는 오직 숨이 나가는 것에만 집중했다. 특히 들숨과 날숨, 날숨과 들숨이 바뀌는 순간에 주목하여 집중하려고 노력했다. 들어오는 숨을 따라 의식을 집중해 가다 보면, 날숨으로 바뀌는 그 순간 잠깐의 틈이 있다. 그 틈에 의식을 집중해 가는 수련을 계속하다 보면 그 틈새가 깊은 '고요'로 이루어졌음을 알게 된다. 이 틈새의 '고요'가 바로 '참된 나'이고 '무(無)'이며, '공(空)'이고 우주 만물의 근원이다. 모든 것은 이 '고요' 위에서 현상한다. 사물이나 의식의 바탕에는 언제나 보이지 않는 '고요'가 자리한다. 붓다는 마음의 고요가 깊어지면서 겹겹의 의식을 뚫고 본래적 마음인 '진여'에 닿는 '삼매(三昧)'의 순간을 자각하고, 그 순간을 내 의식 전체로 확산해 갔다. 이처럼 그는 집중을 통해 의식의 깊은 근원에 다다를 수 있었다. 그러나 여기서 그치지 않았다.

'집중을 통해 삼매를 얻는 것', 이것은 실은 그가 6년간 스승들에게서 배운 것과 크게 다르지 않다. 붓다가 그들 곁을 떠나 홀로 진리를 찾고자 한 것은 거기에 미흡함이 있었기 때문이 아니던가. 그는, 모든 것이 무상하고 실체가 없으며, 그래서 온갖 고통이 일어난다는 사실[10]을 확실하게 꿰뚫어

10 소위 삼법인(三法印)을 말한다. 삼법인이란, '제행무상(諸行無常), 제법무

보지 않고서는 근원적 지혜를 얻을 수 없다고 생각했다. 그래서 기존의 방법에서 한 단계 더 나아가 새로운 방법, 자신이 고안한 방식으로 명상에 임하였다.

아무리 호흡에 집중하려고 해도 머릿속에 온갖 생각들이 떠오르는 경우가 있다. 기존의 방식대로라면 잡념이 떠오를수록 더욱 의식을 집중함으로써 그것을 극복하려고 했을 것이다. 그러나 이제는 달랐다. 붓다는 호흡에 집중하여 그것을 관찰하면서도 순간순간 떠오르는 생각과 감정을 무리하게 끊어 버리지 않고 초연하게 바라봄으로써, 그것들의 본질을 '있는 그대로' 인식하고자 했다. 이것을 '알아차림(통찰)'이라고 하는데, 붓다만의 독특한 방법이었다. 이 방법을 통해 대상에 대한 판단을 금지하고 현재 '있는 그대로'를 바라보는 법을 훈련했다. 예를 들어, 어떤 생각이나 감정이 일어나면 그냥 일어나는 대로 알아차리고 바라보기만 한다. "불안한 감정이 일어나는구나!", "분노가 일어나는구나!", 그 감정에 휘말리지 않고 그냥 이렇게 바라보며 알아차렸다. 사실 그도 육체를 가진 인간인지라 세속적 생각이나 감정(기쁨,

---

아(諸法無我), 일체개고(一切皆苦)'라는 불교의 교의(敎義)를 말한다. 모든 현상은 덧없이 사라지는 것이며, 모든 존재는 실체가 없이 인연의 화합에 의해 한 순간 존재하는 것임을 알고, 이처럼 지속되지 못하고 매 순간 변화하는 것이기에 이 세상이 고통의 바다임을 깨닫고, 이를 넘어서려는 원(願)을 갖는다는 의미이다.

슬픔 등)이 생길 때가 있었다. 그러나 그는 다른 사람들과 달리, 거기에 동요하거나 저항하지 않았다.저항하면 할수록 그것이 극복되기는커녕 점점 커져만 간다는 것을 알았기 때문이다. 따라서 붓다는 생각이나 감정에 저항하지 않고 그것을 받아들이고 바라보기만 함으로써, 그것들이 그냥 흘러왔다 흘러가도록 했다. 생각이나 감정은 우리가 거기에 주의를 기울이지 않는 한 순간적으로 일어났다 바로 사라져 갔다. 그 순간 '고요'가 찾아온다. '무심'의 틈새를 경험하는 것이다. 있는 그대로의 실재 세계는 에고의 너머에 있다. 그런데 우리는 그 실재 세계를 옳고 그름, 쾌락과 고통 등으로 구분하는 생각(에고)의 그물을 통해 바라본다. 그 그물 너머로 나아가기 위해서는 생각과 생각 사이의 틈을 바라보아야 한다. 이때 우리는 그물에 난 구멍을 통해 '있는 그대로의' 실재 세계를 바라보게 되는 것이다. 물론 바로 또 다른 생각이 머릿속을 휘젓기도 한다. 그러면 다시 아무런 판단 없이 그 생각을 바라보았다. 그러면 또 그 생각은 사라지고 잠깐의 '고요'가 찾아왔다. 명상이 익숙해지면서 이 '고요'의 시간이 점차 길어졌고, 내면의 목소리는 점점 작아졌다. 급기야 내면의 목소리가 자취를 감추게 되었고, 그러면서 무심의 영역으로 깊이 들어가 이른바 순수의식의 상태를 경험하게 되었다. 이처럼 떠오르는 생각과 그것이 사라지는 모습을 주의 깊게 관찰하는 훈련을 통해, 그는 자기 멋대로 일어나는 생각이나 감정이 순간적으로만 존재하는 것이며, 더욱이 홀로는 존재할 수 없는 '연기'의 산물임을 깨달았다. 즉, 의식의 전체적인 흐름과 구조를 깨달았고, 이를 토대로 세계에 대한 근원적인 통찰이 가능해졌다. 깨닫는다는 것은 단지 무엇인가를 지각하고 인식하는 것과는 차원이 다르다. 온몸으로 체화하는 것, 그리하여 의식의 구조가 완전히 바뀌는 것, 이제 이전의 미혹된 의식으로는 돌아가지 않는 것, 그것이 이른바 '깨달음'이라고 하는 것이다. 모든 탐욕은 '자아' 관념에 뿌리박고 있는데, 이 '자아'가 허상이고 따라서 '무아'임을 깨달음으로써 탐욕의 불을 끌 수 있게 되고, 비로소 그 끈질긴 '자아'로부터 자유로워질 수 있다.

약 2,500여 년 전에 붓다는 자신이 창안한 이와 같은 방법을 통해 진리를 깨달았는데, 이 명상법을 위빠사나(vipaśyanā)라 부른다.[11]

11 명상에 관한 자세한 것은 정지욱, 『호모메디타티오-명상하는 인간』, 학고방, 2021 참조.

■ 나가는 말

이제 고독에로의 긴 초대장을 마무리할 때가 되었다.

마지막으로 한 가지만 더 첨부하고 끝맺고자 한다.

'Ⅱ. 고독에 서다'에서 각 인물의 고독관을 서술하면서 마지막 부분에 그들의 명상 체험을 간략히 기술하였다. 좀 어색한 구성이라 생각할 수도 있겠으나, 고독을 중시했던 그들 모두 명상으로 나아갔다는 점과 뒤이어 나올 동양사상가들의 명상이 고독과 깊은 관계가 있다는 점을 보여 주려는 의도였다.

왜 그들은 '고독'을 지나 명상으로 넘어갔을까. 간단히 고독과 명상의 관계에 대하여 보충 설명하기로 한다.

고독과 명상은 다르다. 그러나 같은 선상에 놓여 있다. 고독이 강이라면, 명상은 바다다. 고독이 명상으로 이어지지 않을 수도 있으나, 명상으로 흘러들어야 그 완전성을 이룬다. 고독이 깊어지면 사념 자체가 사라지고, 침묵이 다가온다. 이때가 바로 명상과 이어지는 순간이다. 고독은 우리의 머릿속 목소리를 비우고 심층의식의 목소리를 들으려는 것이고, 명상은 그 방법을 치밀하게 체계화시킨 것이다. 모두 본래의 자기 자신과 만나 마음에 아무 걸림이 없는 대자유의 경지를 얻으려는 것이다. 다만, 동양의 명상은 고독의 전 단계(사념)를 거치지 않고 직접 명상 체험에서 시작하고자 한다. 단도직입, 바로 '근원'으로 들어가고자 하는 것이다. 이런 차이는 어디에서 기인하는 것일까.

앞서 말했듯, 실존주의는 불안이라는 마음의 양상을 통해 고독에 들어가고자 했다. 그러나 동양사상, 특히 불교와 노장사상은 불안한 마음 자체를 부정하고 단도직입 '무'로 들어가고자 한다. 다시 말해, 실존주의는 불안을 인정하고 이를 극복하고자 하지만, 동양사상은 불안한 마음 자체가 없다는 것에서 시작한다. 중국 선종 1대조 달마와 2대조 혜가의 에피소드를 보자. 혜가는 인도에서 왔다는 달마의 명성을 듣고 용기를 내어 그를 찾는다. 혜가를 받아들인 달마는, 그러나 그에게 수행에 관한 한마디 말도 건네지 않는다. 그럼에도 혜가는 아무 불평 없이 그저 잡일만을 묵묵히 해낸다. 그렇게 오랜 세월이 지난 어느 날, 달마가 눈발 속에서 명상에 잠겨 있던 혜가에게 묻는다.

"너는 무슨 일로 왔느뇨?"

얼마나 기뻤으랴. 드디어 스승이 말을 걸어 주었으니.

"저의 마음이 불안에 휩싸여 있습니다. 부디 이 불안한 마음을 편안하게 해 주십시오."

그러자 달마가 말한다.

"불안한 마음을 이리 내놓거라. 내 그 마음을 편안케 하리니."

마음이란 매 순간 끊임없이 일어났다 사라지는 것, '이것이 마음이다'라고 내놓을 만한 것이 없다. 그러니 마음이란 본래 화낼 것도 불안할 것도 더럽혀질 것도 아니다. 그저 있는 그대로 있을 뿐. 온갖 감정과 현상을 지어내는 것은 모두 가아(假我: 거짓 자아)의 마음이다.

"일체유심조!"[1]

불안한 마음이 있는 게 아니라, 우리가 스스로 불안을 만들고 있는 것이다. 달마는 바로 그 마음자리를 꿰뚫어 보라고 일갈한 것이다.

"불안한 마음을 꺼내 보거라!"

순간 혜가는 마음 깊이 침전하여 본래의 마음을 자각한다. 이것이 동양에서의 '불안'에 대한 해결이다. 그래서 단도직입, 본래 마음을 깨달아 들어가려는 경향이 농후하고, 그만

1 一切唯心造: 모든 것은 단지 마음이 지어내는 것일지니.

큼 사색으로부터 시작되는 단계가 짧거나 생략되기도 한다. 물론 실존주의나 동양사상이나 최종 목적은 같다. 본래 마음자리를 깨닫기 위한 것이다.

명상은 무심의 상태이고, 순수한 각성이다. 명상을 하면 반응이 근원인 '무'로부터 나온다. '무'란 'nothing'이 아니다. 에고의 생각이 개입되지 않은 순수의식(심층의식)을 말한다. 이때, 자발적으로 표출되는 '무'가 스스로 '무위의 행함'을 진행해 간다. '불안'에 대면하여 '내맡김'으로써 '불안'을 극복하려는 실존주의의 '고독'이 의미 있는 것도 바로 이 지점이며, 이는 명상적 방법과 연결된다. 고독을 말하는 사람들 모두 명상을 언급하는 것에는 까닭이 있는 것이다.

'고독'으로 연 글이 '명상'으로 닫게 되는 형태가 되어 버렸다. 모양이 이상하다고 생각할 수 있겠지만, '고독'은 '명상'으로 흘러들어야 완전해진다고 생각하는 저자로서는 만족스러운 결말이다.

다시, 고독이다!

이번 책은 유난히 힘들었다. 책을 쓰는 동안 '고독'이라는 배를 타고 혈혈단신 먼바다를 항해했다. 때로는 멀미도 났고, 가도 가도 파도가 너울대는 바다뿐이어서 지루하고 힘겨웠다. 그러나 항해에 익숙해지면서부터는 고독과 친해져 그것을 즐길 수 있게 되었다. 깊이 고독에 잠기면 잔잔한 기쁨, 풍성한 만족감이 차오른다. 그리고 풀 길 없던 삶의 비밀이 한 꺼풀씩 드러난다. 모든 대립을 해소하고 전체와 하나가 되어 흘러 갈 때, 이때가 본래 자기를 찾는 순간이며 지혜가 완성되는 지점이다. 어떤 지식도 우리를 그곳으로 데려가지 못한다. 오로지 깊은 고독 속에서, 심연의 고요와 침묵 속에서만 그곳에 도달할 수 있다. "나는 이 세상에서 나보다 큰 기적을 본 적이 없다"고 몽테뉴가 말했다. 그 기적은 고독을 타고 온다.

홀로 세상의 부조리를 대면하고, 스스로 선택과 결단을 내려야 하는 존재의 불안! 그 불안을 오롯이 홀로 견뎌 내야 하는 운명. 고독은 불안하고 확신이 없는, 그러나 진리에 목마른 자들의 전유물이다. 그래서일까. 고독은 검푸른 멍의 색깔을 갖고 있다는 생각이 든다. 가까이하면 아프다. 그러나 그 아픔은 기어이 진주를 잉태하고 만다. "꿈의 크기가 인생의 차이를 낳는다"고 한다. 나는 "고독의 크기가 삶의 차이를 만든다"고 생각한다. 검푸른 고독이 더께처럼 쌓인 길을 걷고 또 걸어 마침내 고독의 뿌리까지 닿고 싶다.

현대를 사는 우리가 늘 고독하기는 어려울 것이다. 그래도 고독은 늘 우리 곁에 있고, 있어야 한다. 고독은, 한지로 몇 번이고 곱게 말아 문갑 깊숙이 간직한, 거뭇하게 변해 버린 은수저 같다. 은수저 한 벌은 생전 팔지 않을 테니 경제적 효용은 없고, 가끔 꺼내 쓸 테니 사용가치도 없다. 그래도 문갑 저 아래 있다는 것만으로 마음 든든하다. 그걸 뭐라 해야 할까. 마음속 비책이라고 할까? 그것이 바로 '고독'이다.

본서의 출판을 허락해 주신 도서출판 일조각의 관계자 모든 분에게 진심으로 감사의 말씀을 드린다. 꼼꼼한 편집 덕분에 변변치 않던 졸고가 번듯한 모습으로 세상에 나오게 되었다. 출판에 즈음하여 다시 한번 깊이 감사드린다.

이 책은 '카페 문도'에서 쓰기 시작했고, 거기서 완성했다. 일산 동네에 있는 카페인데, 꽤 크고 호젓하여 책 쓰기에는 맞춤 좋다. 가운데 열대여섯 명이 앉을 수 있는 거대한 탁자가 있는데, 거기에는 손님들이 별로 앉지 않는다. 나 혼자 그 큰 탁자를 책상 삼아 여유롭게 글을 썼다. 커피 한 잔에 몇 시간이고 앉아 있어도 눈치 주지 않는 사장님 내외분께도 고마움을 전하고 싶다.

어머니가 오랜 세월 투병 중이다. 책이 완성될 때마다 어머니 생각이 난다. 아마 제일 기뻐해 주셨을 텐데. 이제 모든 기억을 버리고 깊은 침묵에 잠겨 고독처럼 가물가물 사라지고 계시다. 어머니를 돌보느라 고생하는 아내한테는 늘 할 말이 없다. 그저 고마울 따름이다. 책의 출판을 기념하며 함께 여행이라도 다녀오고 싶다. 실로 오랫동안 해보지 못한 일이다.

■ 참고문헌

『노자(老子)』

『장자(莊子)』

『아함경(阿含經)』

게리 주커브, 윤규상 옮김,『감정을 과학한다』, 이레, 2007.

그렉 브레이든, 황소연 옮김, 『1700년 동안 숨겨진 절대 기도의 비밀』, 굿모닝미디어, 2019.

김태관,『보이는 것만이 인생의 전부는 아니다』, 홍익출판사, 2012.

돈 미겔 루이스 외, 노윤기 옮김, 『이 진리가 당신에게 닿기를』, 페이지2, 2022.

돈 미겔 루이스, 이진 옮김, 『내가 말을 배우기 전 세상은 아름다웠다』, 더북컴퍼니, 2004.

라이너 마리아 릴케, 문현미 옮김,『말테의 수기』, 민음사, 2005.

라이너 마리아 릴케, 송영택 옮김,『릴케시집』, 문예출판사, 2014.

라이너 마리아 릴케, 송영택 옮김,『젊은 시인에게 보내는 편지』, 문예출판사, 2018.

릭 핸슨 외, 장현갑 외 옮김, 『붓다 브레인』, 불광출판사, 2010,

마르틴 하이데거, 이기상 옮김, 『존재와 시간』, 까치, 1998.

마스타니 후미오, 이원섭 옮김, 『불교개론』, 현암사, 2011.

마스타니 후미오, 이원섭 옮김, 『아함경』, 현암사, 2019.

막스 피카르트, 최승자 옮김,『침묵의 세계』, 까치, 2015.

법륜,『붓다, 나를 흔들다』, 샨티, 2018.

수유너머N,『욕망, 고전으로 생각하다』, 너머학교, 2016.

시라토리 하루히코, 김윤경 옮김,『니체와 함께 산책을』, 다산초당, 2021.
아르투르 쇼펜하우어, 김영후 옮김, 『쇼펜하우어의 인생특강—생존과 허무, 삶의 예지에 대하여』, 리더북스, 2015.
앤서니 스토, 이순영 옮김, 『고독의 위로』, 책읽는수요일, 2011.
양승권,『니체와 장자는 이렇게 말했다』, 페이퍼로드, 2020.
에크하르트 톨레, 노혜숙 외 옮김,『지금 이 순간을 살아라』, 양문, 2008.
에크하르트 톨레, 류시화 옮김,『삶으로 다시 떠오르기』, 연금술사, 2020.
오쇼 라즈니쉬, 류시화 옮김,『삶의 길 흰 구름의 길』, 청아출판사, 2005.
오쇼 라즈니쉬, 이윤기 옮김, 『반야심경』, 섬앤섬, 2010.
오카다 타케히코, 정지욱 옮김,『나 뛰어넘을 것인가, 깨어 있을 것인가』, 문사철, 2009.
요코야마 코이츠, 김명우 옮김, 『마음의 비밀』, 민족사, 2016.
울리히 베어 엮음, 이강진 옮김, 『당신은 당신의 삶을 바꾸어야 한다』, 에디투스, 2020.
윌리엄 셰논, 오방식 옮김,『토머스 머튼—생애와 작품』, 은성, 2005.
윤동주, 『윤동주 전 시집』, 스타북스, 2022.
윤동주, 『하늘과 바람과 별과 시』, 보물창고, 2011.
이진우, 『인생에 한번은 차라투스트라』, 휴머니스트, 2020.
이진우, 백승영, 『니체—너의 운명을 사랑하라』, 21세기북스, 2016.
이진우,『니체의 인생강의』, 휴머니스트, 2015.
장 폴 사르트르, 정소성 옮김, 『존재와 무』, 동서문화사, 2009.
쟝쉰, 김윤진 옮김, 『고독육강』, 이야기가있는집, 2015.
井上哲次郎, 『哲學字彙』, 1881(明治14) 初版本.

정지욱,『부의 철학—동양 전통사상의 눈으로 바라본 부와 행복』, 세창미디어, 2018.
정지욱,『호모메디타티오』, 학고방, 2021.
지그문트 바우만, 오윤성 옮김,『고독을 잃어버린 시간』, 동녘, 2019.
토머스 머튼, 감규돈 옮김,『영적 지도와 묵상』, 성바오로출판사, 1998.
토머스 머튼, 권택영 옮김,『장자의 도』, 은행나무, 2004.
토머스 머튼, 오지영 옮김,『새 명상의 씨』, 가톨릭출판사, 2023.
토머스 머튼, 장은명 옮김,『고독 속의 명상』, 성바오로출판사, 2019.
틱낫한, 서계인 옮김,『붓다처럼』, 시공사, 2022.
프리드리히 니체, 강두식 옮김,『인간적인, 너무나 인간적인』, 동서문화사, 2016.
프리드리히 니체, 박찬국 옮김,『도덕의 계보』, 아카넷, 2021.
프리드리히 니체, 박찬국 옮김,『이 사람을 보라』, 아카넷, 2022.
프리드리히 니체, 박찬국 옮김,『아침놀』, 책세상, 2004.
프리드리히 니체, 이진우 옮김,『차라투스트라는 이렇게 말했다』, 휴머니스트, 2020.
피터 러셀, 김유미 옮김,『과학에서 신으로』, 해나무, 2007.
한병철, 김태환 옮김,『시간의 향기—머무름의 기술』, 문학과지성사, 2013.
한자경,『명상의 철학적 기초』, 이화여자대학교출판부, 2008.
한자경,『심층 마음의 연구』, 서광사, 2016.
헤네폴라 구나라타나, 손혜숙 옮김,『위빠사나 명상』, 아름드리미디어, 2007.
헨리 나우웬, 신현복 옮김,『사막의 영성』, 생명의샘, 2003.

■ 찾아보기

ㅅ

ㅇ

지은이 정지욱

서강대학교 철학과 및 동 대학원을 졸업하고, 일본 규슈(九州)대학교에서 중국철학 전공으로 박사학위를 취득했다. 서경대학교에서 동양학을 강의했으며, 저서로 『부의 철학—동양 전통사상의 눈으로 바라본 부와 행복』, 『호모메디타티오—명상하는 인간』, 역서로 『일본 양명학』, 『나 뛰어넘을 것인가 깨어있을 것인가—좌선과 정좌』, 『양명선생 유언록』 등 다수가 있다.

고
독
불안에서 자유로

1판 1쇄 펴낸날 2024년 5월 30일

지은이 | 정지욱
펴낸이 | 김시연

펴낸곳 | (주)일조각
등록 | 1953년 9월 3일 제300-1953-1호(구 : 제1-298호)
주소 | 03176 서울시 종로구 경희궁길 39
전화 | 02-734-3545 / 02-733-8811(편집부)
02-733-5430 / 02-733-5431(영업부)
팩스 | 02-735-9994(편집부) / 02-738-5857(영업부)
이메일 | ilchokak@hanmail.net
홈페이지 | www.ilchokak.co.kr

ISBN 978-89-337-0838-5 93100
값 20,000원